Angelika Blickhäuser und Henning von Bargen
Mehr Qualität durch Gender-Kompetenz

Die *Heinrich-Böll-Stiftung* mit Sitz in den Hackeschen Höfen im Herzen Berlins ist eine politische Stiftung und steht der Partei Bündnis 90/ Die Grünen nahe. Die Stiftung arbeitet in rechtlicher Selbständigkeit und geistiger Offenheit. Ihre Organe der regionalen Bildungsarbeit sind die 16 Landesstiftungen. Heinrich Bölls Ermutigung zur zivilgesellschaftlichen Einmischung in die Politik ist Vorbild für die Arbeit der Stiftung. Ihre vorrangige Aufgabe ist die politische Bildung im In- und Ausland zur Förderung der demokratischen Willensbildung, des gesellschaftspolitischen Engagements und der Völkerverständigung. Dabei orientiert sie sich an den politischen Grundwerten Ökologie, Demokratie, Solidarität und Gewaltfreiheit. Ein besonderes Anliegen ist ihr die Verwirklichung einer demokratischen Einwanderungsgesellschaft sowie einer Geschlechterdemokratie als ein von Abhängigkeit und Dominanz freies Verhältnis der Geschlechter. Die Stiftung engagiert sich in der Welt durch die Zusammenarbeit mit rund 200 Projektpartnern in über 60 Ländern auf vier Kontinenten. Jedes Jahr vergibt das Studienwerk der Heinrich-Böll-Stiftung rund 90 Stipendien an Studierende und Promovenden. Die Heinrich-Böll-Stiftung hat ca. 160 hauptamtliche Mitarbeiterinnen und Mitarbeiter, aber auch rund 350 Fördermitglieder, die die Arbeit finanziell und ideell unterstützen. Die Mitgliederversammlung, bestehend aus 49 Personen, ist das oberste Beschlußfassungsorgan und wählt u.a. den Vorstand. In Fachbeiräten beraten unabhängige Expertinnen und Experten die Stiftung. Den hauptamtlichen Vorstand bilden z. Zt. Ralf Fücks und Barbara Unmüßig. Die Geschäftsführerin der Stiftung ist Dr. Birgit Laubach.

Zur Zeit unterhält die Stiftung Auslands- bzw. Projektbüros bei der EU in Brüssel, in den USA, in Tschechien, Südafrika, Kenia, Israel, El Salvador, Pakistan, Kambodscha, Russland, Polen, Bosnien-Herzegowina, in der Türkei, Brasilien, Thailand und dem arabischen Nahen Osten. Im Jahr stehen der Stiftung rund 35 Millionen Euro aus öffentlichen Mitteln zur Verfügung.

Adresse: Heinrich-Böll-Stiftung, Hackesche Höfe, Rosenthaler Str. 40/41, 10178 Berlin, Tel. 030-285340, Fax: 030-28534109, E-Mail: info@boell.de Internet: www.boell.de

Angelika Blickhäuser und Henning von Bargen

Mehr Qualität durch Gender-Kompetenz

Ein Wegweiser für Training und Beratung im Gender Mainstreaming

Herausgegeben
von der
Heinrich-Böll-Stiftung

ULRIKE **HELMER** VERLAG

Bibliographische Information der Deutschen Bibliothek

Die Deutsche Bibliothek verzeichnet diese Publikation in der Deutschen Nationalbibliografie; detaillierte biografische Daten sind im Internet über http://dnb.ddb.de abrufbar.

Die Schreibweise entspricht den Regeln der neuen Rechtschreibung gemäß den Empfehlungen der Deutschen Akademie für Sprache und Dichtung.

© Copyright 2006 Ulrike Helmer Verlag, Königstein/Taunus;
Heinrich-Böll-Stiftung, Berlin
Mitarbeit: Claudia Menesch
Folienillustrationen: www.photocase.de; © Angelika Blickhäuser / Henning von Bargen
Alle Rechte vorbehalten
Gesamtherstellung: Wilfried Niederland Verlagsservice, Frankfurt am Main
Printed in Germany
ISBN 3-89741-199-7

Gesamtverzeichnis sendet gern: Ulrike Helmer Verlag
Altkönigstraße 6a, D-61462 Königstein/Ts.
E-Mail: info@ulrike-helmer-verlag.de

Besuchen Sie uns im Internet: www.ulrike-helmer-verlag.de
und www.boell.de

Inhalt

Vorwort

Gender-Kompetenz ist in der Debatte um die geschlechtergerechte Veränderung von Politik, Verwaltung, Unternehmen und Organisationen in den letzten Jahren zum Schlüsselbegriff geworden. Denn Gender-Kompetenz ist eine Voraussetzung für die Qualität von politischen Entscheidungen, von Gesetzesvorhaben, Maßnahmen und Projekten oder auch Dienstleistungen und Produkten. Politik und Organisationen stehen vor der Aufgabe, Gender-Kompetenz auf allen Ebenen zu entwickeln und zu fördern.

Wenn es um die Einführung von Gender Mainstreaming in Organisationen geht, stellt sich stets die Frage, wie diese Aufgabe kompetent von allen Beteiligten realisiert werden kann: Welches Wissen ist notwendig? Welche Fähigkeiten müssen die Beteiligten mitbringen oder sich aneignen? Gender-Training und Gender-Beratung sind hier wichtige Instrumente, die die Entwicklung von Gender-Kompetenz unterstützen.

Die Heinrich-Böll-Stiftung sammelt seit vielen Jahren Erfahrungen in der Beratung von Gender-Mainstreaming-Prozessen und der Durchführung von Gender-Trainings sowie in fachbezogener Gender-Beratung. Seit 2002 qualifiziert sie mit der Weiterbildungsreihe „Gender-Kompetenz durch Gender-Training und Gender-Beratung" Akteurinnen und Akteure aus Politik, Wirtschaft, Medien, Bildung und Gesellschaft. Für diese Qualifizierung erarbeitete sie ein Materialien- und Methodenhandbuch, das ständig weiterentwickelt wurde.

Das nun vorliegende Buch basiert auf diesen Vorarbeiten. Die gebündelten Erfahrungen aus der Praxis sollen als Wegweiser für Gender-Training und Gender-Beratung bei der praktischen Umsetzung von Gender dienlich sein. Es handelt sich also nicht um eine theoretisch-wissenschaftliche Publikation, wie es sie schon viele gibt. Stattdessen stehen die Erfahrungen, die wir bei der Verbindung theoretischer Ansätze und Debatten mit der Bildungs- und Beratungspraxis gesammelt haben, im Vordergrund. Im ersten Teil beschreiben wir Gender-Kompetenz und Gender Mainstreaming und stellen unseren Trainings- und Beratungsansatz mit seinen spezifischen Instrumenten und Methoden vor. Der zweite Teil umfasst viele Übungen und Methoden, die wir für gender-bezogene Bildungs- und Beratungsarbeit entwickelt oder von anderen Trainerinnen und Trainern zur Verfügung gestellt bekommen haben. Der dritte Teil fasst unsere Qualitätsanforderungen zusammen und enthält ein Glossar und Literaturhinweise.

Allen Kolleginnen und Kollegen, die uns beim Zustandekommen dieses Buches unterstützt haben, sei an dieser Stelle ausdrücklich gedankt. Besonderer Dank gilt Claudia Menesch, die uns viele Anregungen und Formulierungsvorschläge gegeben und auch das Glossar erarbeitet hat. Für Rückmeldungen und Verbesserungsvorschläge sind wir sehr dankbar und nehmen diese gerne auf.

Wir hoffen, dass die Leserinnen und Leser durch das Buch gute Anregungen für ihre Praxis erhalten und es in ihrem Arbeitsalltag nutzen können.

Barbara Unmüßig
Vorstand Heinrich-Böll-Stiftung, Berlin

Angelika Blickhäuser
Gender-Beraterin, Gender Diversity Institut, Köln

Henning von Bargen
Gender-Berater, Referent für Geschlechterdemokratie in der Heinrich-Böll-Stiftung, Berlin

Teil I
Qualität durch Gender-Kompetenz

1 Gender-Kompetenz

Politisches und organisatorisches Handeln ist niemals geschlechtsneutral. Es betrifft Frauen und Männer in unterschiedlichsten Lebenslagen und kann sowohl für die eine als auch die andere Geschlechtergruppe benachteiligende Auswirkungen haben. Gender-Kompetenz gilt daher als eine Schlüsselqualifikation für die betriebsbezogene sowie politische Gleichstellung der Geschlechter und stellt eine wesentliche Voraussetzung zur erfolgreichen Implementierung und Umsetzung geschlechterbezogener Gleichstellungsstrategien dar.

Die Einstellungen und das Verhalten von Frauen und Männern sind mit sozialen Festlegungen im privaten, beruflichen und betrieblichen Alltag verbunden. Dementsprechend existiert eine Vielfalt von Lebensentwürfen und Lebenslagen (Gender Diversity). Geschlechterrollen werden tagtäglich sozial und kulturell konstruiert und (re)produziert („doing gender"). Auch Organisationen sind durch Geschlechterrollen(bilder) und die damit verbundenen gesellschaftlichen Zuschreibungen und Geschlechterverhältnisse geprägt und bilden entsprechende tief verankerte und zum Teil auch benachteiligende Strukturen aus. Gender-Kompetenz ist das Wissen und die Fähigkeit, jene zu erkennen und so damit umzugehen, dass benachteiligende Strukturen verändert und allen Geschlechtern neue und vielfältige Entwicklungsmöglichkeiten eröffnet werden.[1] Gender-Kompetenz umfasst weiterhin das Wissen über Geschlechterpolitiken und geschlechterpolitische Strategien, über die Instrumente und Anwendung von Gender Mainstreaming sowie das Verständnis von Gender als sozialer Kategorie, als Analysekategorie und als Handlungsaufforderung für alle Mitarbeitenden einer Organisation.

Es gibt verschiedene Wege, Gender-Kompetenz zu entwickeln bzw. vermittelt zu bekommen. Zwei dieser Möglichkeiten sind Gegenstand der vorliegenden Publikation: die Gender-Beratung und das Gender-Training.

---

[1] Vgl. Metz-Göckel/Roloff 2005, vgl. auch Veröffentlichungen des GenderKompetenz-Zentrums, z.B. www.genderkompetenz.info/genderkompetenz/ (Abfrage 3.10.2005)

Folgende Kompetenzfelder werden in diesem Buch vor allem mit Blick auf die Arbeitswelt, d.h. auf Organisationen bzw. Unternehmen, unterschieden:

▶ Fachkompetenz: Kenntnisse und Fertigkeiten, die zur Ausübung der beruflichen Tätigkeiten befähigen. Dazu gehört das Wissen über Abläufe, Prozesse und Handlungsmöglichkeiten innerhalb einer Organisation. Fachkompetenz zeigt sich in der Fähigkeit, Wissen einzuordnen, neu zu verbinden und zu bewerten. Sie zeigt sich daran, wie Mitarbeitende Probleme erkennen, analysieren und Lösungen entwickeln, z.b. genderdifferenzierte Lösungen aufgrund vorangegangener Gender-Analyse.

▶ Methodenkompetenz: die Fähigkeit, sich selbständig und flexibel neues Fachwissen oder neue Arbeitsmethoden anzueignen. Sie zeigt sich beim Umgang mit komplexem neuem Wissen, z.b. dem gender-bezogenen und -differenzierten Fachwissen.

▶ Sozialkompetenz: die Fähigkeit, konstruktive Arbeitsbeziehungen zu knüpfen, um gemeinsame Ziele zu verwirklichen. Merkmale hoher Sozialkompetenz sind z.b. das Ansprechen von Problemen und Konflikten, das Ansprechen eigener Gefühle, das aktive Zuhören oder auch der respektvolle Umgang miteinander trotz unterschiedlicher Zugänge, z.b. der Respekt vor Gender Diversity.

Gender-Kompetenz verlangt also zum einen die Fähigkeit, erworbenes gender-differenziertes Fachwissen mit den berufsspezifischen Fachkenntnissen zu verbinden (Fachkompetenz), zum anderen die Fähigkeit, die vielfältigen Gender-Analysen im eigenen Fachgebiet anwenden zu können (Methodenkompetenz). Sie verknüpft sich zudem mit der Sozialkompetenz in der konstruktiven Gestaltung von Geschlechterverhältnissen und Geschlechterbeziehungen in der Organisation. Sie zeigt sich in der Fähigkeit zur Reflexion eigener Geschlechterrollen und der Geschlechterrollenbilder innerhalb der Organisation sowie der Einschätzung von eigenen Stärken und Schwächen.

Gender-Kompetenz umfasst

▶ Reflexionsfähigkeit, bezogen auf die eigenen Geschlechterrollen

▶ Reflexionsfähigkeit, bezogen auf gesellschaftliche Geschlechterrollenbilder (Gender als soziale Kategorie)

▶ Wissen über das Entstehen von Geschlechterrollen(bildern) und deren Differenzierungen – personale Gender-Kompetenz

▶ Wahrnehmung von Geschlechterrollen in ihrem sozio-kulturellen Umfeld (Gender als soziale Kategorie, Gender Diversity) – personale Gender-Kompetenz

▶ Wissen über die komplexen Strukturen von Geschlechterverhältnissen in Gesellschaft, Politik, Verwaltung und Organisation – strukturelle Gender-Kompetenz

▶ Kenntnis der unterschiedlichen Rahmenbedingungen und Voraussetzungen der Lebenswelten und -wirklichkeiten, in denen Männer und Frauen in ihrer Vielfältigkeit und Differenziertheit leben

▶ Fähigkeit zum Perspektivenwechsel

▶ Fähigkeit, Gender konkret am Arbeitsplatz anzuwenden – Transferfähigkeit

2 Gender Mainstreaming

2.1 Gender Mainstreaming – was ist das überhaupt?

Gender Mainstreaming ist die Strategie der Europäischen Union zur Verwirklichung der Chancengleichheit für Frauen und Männer in Institutionen, Organisationen und Politik. Gender Mainstreaming wurde 1997 im Amsterdamer Vertrag verankert und gilt seitdem für alle Mitgliedsstaaten als verbindliches Prinzip.

Vertrag von Amsterdam

Art. 2
Aufgabe der Gemeinschaft ist es, durch die Errichtung eines gemeinsamen Marktes und einer Wirtschafts- und Währungsunion sowie durch die Durchführung der in den Artikeln 3 und 4 genannten gemeinsamen Politiken und Maßnahmen in der ganzen Gemeinschaft eine harmonische, ausgewogene und nachhaltige Entwicklung des Wirtschaftslebens, ein hohes Beschäftigungsniveau und ein hohes Maß an sozialem Schutz, die Gleichstellung von Männern und Frauen, ein beständiges, nichtinflationäres Wachstum, einen hohen Grad von Wettbewerbsfähigkeit und Konvergenz der Wirtschaftsleistungen, ein hohes Maß an Umweltschutz und Verbesserungen der Umweltqualität, die Hebung der Lebenshaltung und der Lebensqualität, den wirtschaftlichen und sozialen Zusammenhalt und die Solidarität zwischen den Mitgliedsstaaten zu fördern.

Art. 4
Bei allen (…) genannten Tätigkeiten wirkt die Gemeinschaft darauf hin, Ungleichheiten zu beseitigen und die Gleichstellung von Männern und Frauen zu fördern. (Zit. nach Döge 2001a)

Dem Prinzip des Gender Mainstreaming liegt die Überzeugung zugrunde, dass Geschlechterfragen wesentliche Voraussetzung für die Lösung sozialer, wirtschaftlicher, politischer und organisationsbezogener Fragestellungen und Probleme sind.

Die Definition des Europarats von Gender Mainstreaming lautet: „Gender Mainstreaming besteht in der (Re-)Organisation, Verbesserung, Entwicklung und Evaluierung der Entscheidungsprozesse mit dem Ziel, dass die an der politischen Gestaltung beteiligten Akteurinnen und Akteure den Blickwinkel der Gleichstellung zwischen Frauen und Männern in allen Bereichen und auf allen Ebenen einnehmen." (Europarat 1998)

Ziel ist es, Dimensionen von Chancengleichheit und Gleichberechtigung für Frauen und Männer in alle Politikbereiche und Aktionen der Europäischen Gemeinschaft einzubinden. Indem die Gleichstellung von Männern und Frauen als gemeinsames Ziel festgeschrieben wird, werden die Rechtsgrundlagen für die Umsetzung des Gleichstellungsgedankens auf europäischer Ebene gestärkt. Damit wird die Verwirklichung von Chancengleichheit und Gleichstellung zum Leitgedanken politischen und organisatorischen Handelns. Sowohl bei der Planung als auch der Durchführung, Begleitung und Bewertung von staatlichen Maßnahmen ist der Gleichstellungsgedanke zu berücksichtigen. Und dies auf allen Verantwortungsebenen in Politik und Verwaltung.

Die Entwicklung des Gender Mainstreaming

Gender Mainstreaming ist eine Strategie, die ihre Entstehung den Weltfrauenkonferenzen zu verdanken hat. Die Pekinger Weltfrauenkonferenz von 1995 wird dabei als Schlüsselereignis betrachtet. Die Wurzeln des Gender Mainstreaming liegen in den global vernetzten Frauenbewegungen, im Feminismus und in den Auseinandersetzungen über die unterschiedlichen Formen und Zugänge in der Entwicklungspolitik. Maßnahmen zur Förderung, Gleichstellung oder Stärkung von Frauen sind in der bi- und multilateralen Entwicklungszusammenarbeit bei staatlichen und nichtstaatlichen Akteuren längst integraler Bestandteil entwicklungspolitischer Ansätze.

Bis in die 70er Jahre hinein wurden Frauen noch vor allem mit Wohlfahrtsmaßnahmen bedacht, die an den „weiblichen" Aufgabenbereich der Reproduktion anknüpften. Diese primär karitativen Maßnahmen ließen gesellschaftspolitische Macht- und Entscheidungsfragen außen vor. Mit der Entdeckung der „unsichtbaren" Frau durch die Weltbank fand ein Paradigmenwechsel in der Förderung statt: von der reproduktiven zur produktiven Rolle von Frauen. Entwicklungs- und modernisierungspolitisches Ziel war die „Integration der Frauen in die Entwicklung". Zur Umsetzung dieses Ziels wurden in den entwicklungspolitischen Institutionen Women-in-Development-Stellen (WID) eingerichtet. Als zentrale Strategie galt die Steigerung der ökonomischen Produktivität und Marktfähigkeit von Frauen durch Kreditvergabe und Einkommen schaffende Aktivitäten. Dies sollte auch eine soziale Statusverbesserung für Frauen und einen Gleichstellungseffekt nach sich ziehen. Hauptanliegen war die effiziente Nutzung der bislang für den Markt „untergenutzten" Arbeitspotentiale und der vorgeblich unsichtbaren Entwicklungsressource „Frau".

Die Women-in-Devolopment-Stellen in den entwicklungspolitischen Institutionen führten gesonderte Frauenfördermaßnahmen durch oder hängten diese an andere Sektorprogramme an (die sogenannte „Frauenkomponente"). Es wurde jedoch zunehmend deutlich und von feministischen Entwicklungsexpertinnen kritisiert, dass es der Entwicklungsprozess selbst war, der eine gleichberechtigte Partizipation von Frauen verhinderte. Daraufhin folgte ein erneuter Paradigmenwechsel hin zum sogenannten Gender-Ansatz. Dieser legt den Sektorprogrammen eine geschlechterdifferente Sichtweise zugrunde und integriert Maßnahmen, die auf Frauen orientiert sind. Damit wird der Gender-Ansatz zu einer Querschnittsaufgabe, denn die jeweiligen Geschlechterverhältnisse sollen in jedem Sektor bei der Planung, Durchführung und Evaluierung Berücksichtigung finden. (Vgl. Rodenberg/Wichterich 1999, S. 23ff.)

Es gibt verschiedene Möglichkeiten, die Unterschiede und Gemeinsamkeiten der auch in der Entwicklungszusammenarbeit verfolgten geschlechterpolitischen Konzepte darzustellen. Das folgende Schaubild stellt auf der Ebene der konzeptionellen Ansätze und Instrumente die Konzepte des Empowerment, der Gleichstellung bzw. Geschlechtergerechtigkeit und der Geschlechterdemokratie nebeneinander. Gender Mainstreaming als Strategie und Instrument findet sich in den beiden letzteren wieder. Das Raster lässt sich sicher noch ergänzen und dient der ersten Orientierung.

Frauen-Empowerment	Gleichstellung/ Geschlechtergerechtigkeit	Geschlechterdemokratie
Konzeptionelle Ansätze		
Situation und Bedingung der Frauen	Situation und Bedingungen der Frauen	Situation und Bedingungen von Frauen und Männern
Potential der Frauen zur Veränderung	Analyse und Vergleich der Ausgangsbedingungen der Geschlechter	Wendet sich an und überträgt Verantwortung auf die Gesamtgesellschaft
Individuelles und kollektives Empowerment	Gerechtere Geschlechterverhältnisse	Strukturwandel und Veränderungen der Identitäten von Frauen und Männern
	Gleichstellung/ Geschlechtergerechtigkeit für Frauen und Männer	Demokratische Geschlechterverhältnisse auf interpersoneller Ebene, in der Arbeitswelt, der Familie und der Politik
Instrumente		
Frauenselbsthilfegruppen, Bewusstseinsbildung	Gender-Analyse	Ganzheitliche Gender-Analyse
Kurse zur Stärkung des Selbstbewusstseins	Spezifische Frauenfördermaßnahmen	Unterschiedliche Maßnahmen für Frauen und Männer in getrennten und gemischten Gruppen
Förderung der Kontrolle über die eigene Sexualität und die reproduktive Gesundheit	Frauenförderpläne/ Gleichstellungspläne	Dialog- und Verhandlungsfähigkeit zwischen den Geschlechtern
Förderung der persönlichen und ökonomischen Autonomie	Information und Sensibilisierung der Männer	Normative Mitverantwortung von Männern und Frauen
Netzwerke gegen Gewalt gegen Frauen	Mainstreaming auf institutioneller, staatlicher und sozialpolitischer Ebene	Umverteilung von Ressourcen und sozialen Fürsorgeleistungen
Eroberung von Räumen der Machtausübung durch Frauen	Gender-Budget	Vereinbarkeit von Arbeitswelt, Öffentlichkeit u. Familie, Privatleben
		Gender Mainstreaming
		Kampagnen zur Förderung kultureller gesellschaftlicher Veränderungen

Quelle: Meentzen 2005.

Die Prinzipien des Gender Mainstreaming

Gender Mainstreaming stellt als organisationsbezogene Veränderungsstrategie einen Top-Down-Ansatz dar, d.h. die Verantwortung für den Implementierungsprozess liegt bei den weiblichen und männlichen Führungskräften sowie bei der Belegschaft insgesamt. Weiteres Kennzeichen des Gender Mainstreaming ist dessen Konzeption als Doppelstrategie, d.h. spezifische Maßnahmen zur Förderung von Frauen werden nicht überflüssig, sondern sind in der Strategie des Gender Mainstreaming integriert – ebenso wie spezifische Maßnahmen für Männer.

Im Gegensatz zur bisherigen geschlechterbezogenen Politik, die sich ausschließlich an Frauen richtete, werden mit der neuen Geschlechterpolitik *Perspektivenwechsel* vollzogen:

– Geschlechterfragen beziehen sich nicht mehr ausschließlich auf Frauen, sondern die Geschlechterverhältnisse werden als Relation zwischen Frauen und Männern in den Blick genommen.

– Die Verantwortung für Geschlechterfragen wird nicht mehr an einzelne Frauenbeauftragte oder Gleichstellungsstellen delegiert, sondern alle Fachressorts sind verantwortlich.

Perspektivenwechsel bedeutet die Fähigkeit und Bereitschaft, sich in die Perspektiven des jeweils anderen Geschlechts hineinzudenken. Voraussetzung dafür ist die Vergewisserung des eigenen Standorts, z.B. im Rahmen von Gender-Trainings. Perspektivenwechsel tragen zu einer gegenseitigen Verständigung und nicht zur Anpassung bei.

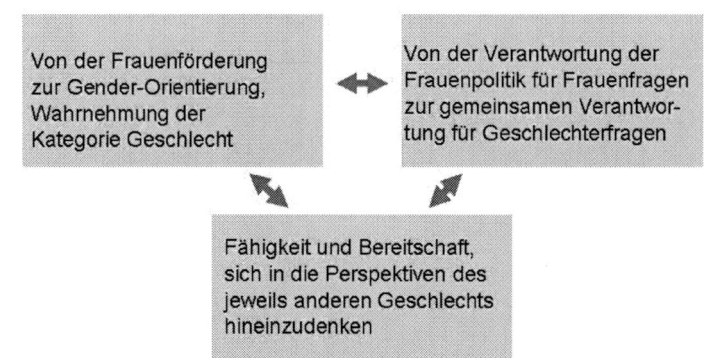

Von der Frauenförderung zur Gender-Perspektive

Von der Frauenförderung zur Gender-Orientierung, Wahrnehmung der Kategorie Geschlecht

Von der Verantwortung der Frauenpolitik für Frauenfragen zur gemeinsamen Verantwortung für Geschlechterfragen

Fähigkeit und Bereitschaft, sich in die Perspektiven des jeweils anderen Geschlechts hineinzudenken

Auf der *politischen* Ebene berührt Gender Mainstreaming die inhaltliche und fachliche Umsetzung der Programme, Aktionspläne, Aufträge und die Mittelvergabe. Das heißt, alle Akteurinnen und Akteure in Politik, Verwaltung und anderen Organisationen sollen über die Kompetenz verfügen, gender-bezogene Aspekte und Inhalte in ihre Arbeit zu integrieren.

Auf der *gesetzgebenden* Ebene betrifft Gender Mainstreaming sowohl die Europäische Union, die Bundesebene, die Bundesländer, die Kommunen als auch Nichtregierungsorganisationen wie Verbände, Vereine, Gewerkschaften und andere. Der Vertrag von Amsterdam stärkt in einem hohen Maße die Rechtsgrundlagen für die Umsetzung des Gleichstellungsgedankens zwischen Frauen und Männern, indem die Gleichstellung als eine gemeinsame Aufgabe und als gemeinsames Ziel festgeschrieben wird. Dies bedeutet, dass Projekte, die mit europäischen Geldern finanziert werden, nachweisen müssen, dass sie dem Gender-Mainstreaming-Prinzip gerecht werden. Gender Mainstreaming wird somit zu einem Leitgedanken politischen Handelns bei der Planung, Durchführung, Begleitung und Bewertung bzw. Evaluation von staatlichen Maßnahmen.

Die Integration von gender-differenzierten Aspekten erfolgt auf der *strukturellen Ebene*, z.B. durch Personalentwicklung und/oder einer damit verbundenen Organisationsentwicklung.

Was bringt Gender Mainstreaming?

Eine der am häufigsten gestellten Fragen im Kontext der Implementierung von Gender Mainstreaming gilt dem Nutzen für Politik, Gesellschaft und Unternehmen. Marianne Weg, Organisationsberaterin für Gender Mainstreaming, sieht den wesentlichen Nutzen darin, dass Demokratie und soziale Gerechtigkeit vorangebracht werden und damit eine neue Qualität sozialer und gesellschaftlicher Innovation erreicht werden kann (Weg 2001). Sie fasst die Vorteile wie folgt zusammen:

▶ „Es kommt zu mehr gleichstellungspolitischer Effektivität: Alle politischen Entscheidungen und Maßnahmen sind um Chancengleichheit erweitert, alle Verantwortungsträger im Top-Down-Prozess verantwortlich.

▶ Bestehende Nachteile für *beide*[2] Geschlechter werden abgebaut.

▶ Gleichstellungsmaßnahmen werden effizienter, da Gender-Aspekte von vornherein einbezogen werden: Prävention ist effizienter als der nachträgliche Abbau entstandener Nachteile.

▶ Es ist ein Gebot der ökonomischen Vernunft: Der ökonomische Strukturwandel wird besser gefördert."

Auf organisationsbezogener Ebene können folgende Vorteile zusammengefasst werden:

▶ Die Anwendung von Gender Mainstreaming führt zu einer Erweiterung des Demokratiebegriffes innerhalb von Organisationen und der Gesellschaft. Eine Organisation wird demokratischer, wenn Frauen und Männer in ihrer Vielfalt gleichermaßen an ihrer Gestaltung, Entwicklung und den Ergebnissen teilhaben.

▶ Organisationen entwickeln mit der Anwendung von Gender Mainstreaming Geschlechterdemokratie und setzen nationale und europäische Anforderungen um, z.b. Gesetze oder Richtlinien.

▶ Die Anwendung von Gender Mainstreaming sorgt für eine vorausschauende und nachhaltige Politik durch Anpassung an die Lebens- und Arbeitsentwürfe der Mitarbeitenden sowie an die vielfältigen Interessen und Ausgangssituationen von Männern und Frauen (Wettbewerbsfähigkeit).

▶ Gender-Sensibilität und die Anwendung geschlechterpolitischer Fragestellungen in der fachlichen Arbeit erhöht die Gender-Kompetenz und verbessert das Führungsverhalten (Personalpolitik).

▶ Die soziale und fachliche Qualifikation von weiblichen und männlichen Führungskräften wird durch Gender-Kompetenz erhöht. Die Unternehmenskultur wird verbessert, wenn als „weiblich" und als „männlich" geltende Zugänge gleichermaßen Wertschätzung erhalten.

▶ Diskriminierungen werden sichtbar und können abgebaut werden.

---

[2] Weg betont hier, dass es um *beide* Geschlechter geht. Vor dem Hintergrund der Debatten um Konstruktion und Dekonstruktion (Queer, Transgender etc.) halten wir es für besser, von *allen* Geschlechtern zu sprechen. Damit wird dichotomischen/biologistischen Sichtweisen kein Vorschub geleistet und deutlich, dass „Gender konsequent als soziale Kategorie gedacht" (Frey 2004, S. 41) wird.

► Die Integration geschlechterpolitischer Perspektiven in die fachliche Arbeit erhöht deren Qualität und Effektivität (Effizienz und Gender als Qualitätsentwicklungsinstrument). Teamarbeit profitiert von unterschiedlichen Zugängen von Männern und Frauen, sofern diese als solche anerkannt und wertgeschätzt werden.

► Unternehmen können durch eine Gender-Orientierung bessere Zielgruppenkonzepte erarbeiten (Gender als Akquisestrategie).

► Organisationen und Unternehmen verbessern ihr Image, wenn sie Kundinnen und Kunden in ihrer Vielfalt differenziert ansprechen.

► Trends werden rechtzeitig und vorausschauend erkannt (internationaler Vergleich, Öffentlichkeit, Image).

► Die Organisation ist modern, indem sie vielfältige Geschlechterinteressen berücksichtigt. Die Attraktivität als Arbeitgeber oder als Organisation wird erhöht.

Anforderungen für eine Gesamtstrategie der Implementierung von Gender Mainstreaming:

► Sensibilität für Geschlechterfragen auf der Wahrnehmungs- und Organisationsebene muss aufgebaut werden.

► Ein organisationsspezifisches Konzept auf der Grundlage eines Top-Down-Prozesses muss entwickelt werden, d.h. Übernahme der Verantwortung durch männliche und weibliche Führungskräfte.

► Die Bedeutung gender-differenzierter Datenerhebung und -auswertung muss für alle herausgearbeitet werden.

► Es müssen Ressourcen zur Bereitstellung und Aufbereitung dieser Daten zur Verfügung gestellt werden.

► Für die Organisation sind spezifisch handhabbare Instrumente für die Organisationsentwicklung (Gender-Mainstreaming-Implementierung), die Personalentwicklung (Gender-Kompetenz für Führungskräfte und Mitarbeitende) und auf der fachlichen Ebene (Gender-Kompetenz) zu entwickeln.

► Es bedarf Transparenz im Vorgehen, d.h. es muss deutlich gemacht werden, ob eine Gesamtstrategie oder eine Teilstrategie entwickelt werden. Damit wird erkennbar, auf welcher Ebene das Konzept ansetzt.

▶ Die Mitarbeitenden benötigen die Unterstützung durch die Führungskräfte und ggf. durch „Flying Experts", Gender-Beauftragte oder interne Gender-Teams.

Rahmenbedingungen für eine Gesamtstrategie der Implementierung von Gender Mainstreaming

➤ Aufbau von Sensibilität für Geschlechterfragen

➤ "top-down"-Prozess, Verantwortung der Führungskräfte
  Gender Kompetenz

➤ geschlechtsdifferenzierte Datenerhebung und -auswertung

➤ Entwicklung spezifischer, handhabbarer Instrumente

➤ Aufbau von Gender-Kompetenz

➤ Transparenz

➤ Unterstützung der Mitarbeitenden

➤ Controlling, Berichtspflicht

Zusammenfassung

Gender Mainstreaming ist eine geschlechterpolitische Strategie und damit ein Weg zu mehr Geschlechterdemokratie, Geschlechtergerechtigkeit oder Chancengleichheit für Frauen und Männer. Wie diese geschlechterpolitischen Ziele definiert und inhaltlich gefüllt werden, darüber muss weiterhin auf den unterschiedlichsten politischen Ebenen gestritten werden.

Die Strategie des Gender Mainstreaming beruht auf der Grundannahme, dass sich Lebenssituationen von Männern und Frauen (in ihrer Vielfalt) unterscheiden. Gründe hierfür liegen unter anderem in gesellschaftlichen und kulturellen Entwicklungen, wie beispielsweise in der geschlechtlichen Arbeitsteilung. Die bestehenden Geschlechterverhältnisse in Gesellschaft und Organisation können jedoch beeinflusst und verändert werden. Diese Veränderungen können sich wiederum positiv auf Organisationen und die Gesellschaft auswirken.

Die Kategorie Geschlecht stellt ein wesentliches Kriterium zur Lösung wirtschaftlicher, sozialer und politischer Frage- und Problemstellungen dar. Die Europäische Union setzt dabei auf die Implementierung von Gender Mainstreaming, also auf die Berücksichtigung der geschlechterbezogenen Perspektive bei der Planung, Durchführung und Evaluation politischen Handelns. Maßnahmen der Frauenförderung und der Erhalt der frauenpolitischen Infrastruktur sind nicht obsolet, sondern weiterhin notwendig. Das vorhandene Gender-Wissen von Frauen- und Gleichstellungsbeauftragten soll genutzt werden, um Gender in alle Entscheidungsprozesse, Fachgebiete und -aufgaben von vornherein zu integrieren.

Um Gender Mainstreaming als innovativen Ansatz in Organisationen und Institutionen einzuführen, muss ein politischer bzw. organisationspolitischer Wille formuliert werden, damit eine Strategie und organisationsspezifische Vorgehensweise (Konzept) erarbeitet werden kann. Dazu werden die Führungskräfte in einem „Top-Down-Prozess" in die Verantwortung genommen.

Gender Mainstreaming auf einen Blick:

| geschlechterpolitische Strategie |
| Ziel: Geschlechtergerechtigkeit |
| Umsetzung durch alle AkteurInnen |
| Berücksichtigung schon bei der Planung |
| Versachlichung von Geschlechterfragen |

2.2 Diversity-Ansätze und Gender Mainstreaming

In den letzten Jahren ist der in verschiedenen Kontexten international verwendete Begriff „Diversity" immer stärker auch in die gender-politische Debatte eingegangen. „Diversity einheitlich definieren bzw. verstehen zu wollen, ist in vieler Hinsicht kaum möglich. Sowohl WissenschaftlerInnen als auch PraktikerInnen haben bis heute kein umfassendes [gemeinsames, Anm. d. Verf.] Verständnis von Diversity und Managing Diversity erzielen können (...) Durch die Vielfalt an Interessengruppen und Beteiligten hat sich die Diskussion um Diversity zu einem komplexen und unübersichtlichen Bündel von Meinungen und Sichtweisen entwickelt." (Vgl. Sepehri/ Wagner 2002)

Für Gender Mainstreaming-Akteur/innen ist es jedoch wichtig, eine klare Position zu Diversity zu entwickeln, da Managing Diversity als Alternative zu Gender Mainstreaming – vor allem im privatwirtschaftlichen Bereich – gehandelt wird.

Wir verstehen unter Diversity die Vielfalt dessen, worin sich Menschen unterscheiden oder ähneln, also die Summe von Unterschieden und Gemeinsamkeiten. Die individuellen Unterschiede der Menschen stehen dabei im Mittelpunkt der Betrachtung. Der Grad dieser Vielfalt kann unterschiedlichste Dimensionen beinhalten, z.B. Alter, Ethnie, sexuelle Orientierung, Religion und körperliche Befähigung. Wenn Diversity in Unternehmen ökonomisch oder personalpolitisch genutzt werden soll, bedarf es eines entsprechenden Konzeptes der Unternehmensführung, wie diese Vielfalt gehandhabt werden kann. Es geht darum, „die existierende Vielfältigkeit und die potentiellen Gemeinsamkeiten wahrzunehmen, zu verstehen, wertzuschätzen und nicht zuletzt optimal zu managen". (Ebd.)

Managing Diversity arbeitet daher mit einem sehr weit gefassten Begriff von Multikulturalität, der z.B. Dimensionen wie ethnische Herkunft, Hautfarbe, Geschlecht, Religion, Alter, körperliche Befähigung oder sexuelle Orientierung umfasst (siehe Schaubild nächste Seite).

Die vier Ebenen von Diversity

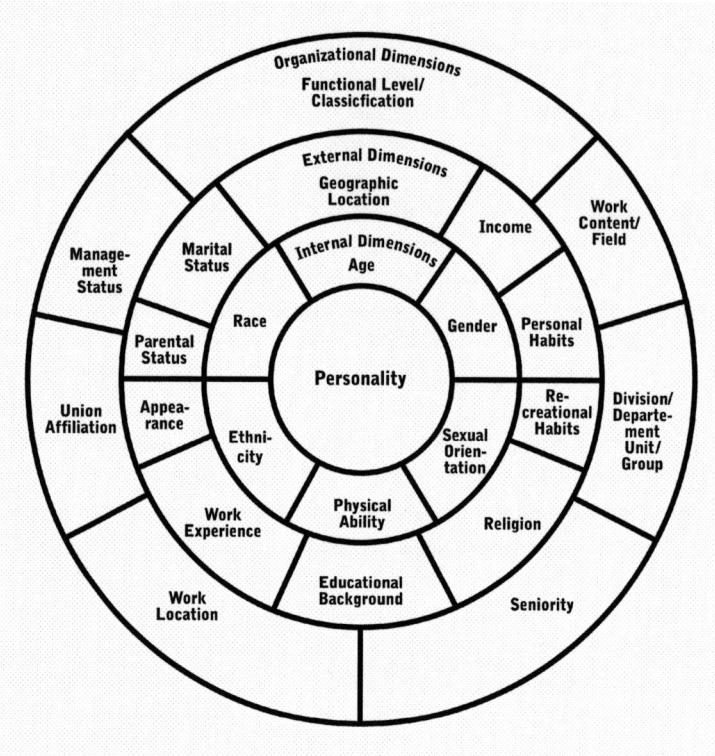

Quelle: Gardenswartz/Rowe 2003.[3]

Individuen werden nicht isoliert, sondern in ihrem jeweiligen sozialen Kontext betrachtet. Dieser Begriff von Multikulturalität beinhaltet, dass die Mitglieder einer sozialen Gruppe je eine eigene Wertegemeinschaft teilen und entsprechende Kommunikations- und Interaktionsmuster entwickelt haben, die sie verbinden. Ziel des Managing-Diversity-Ansatzes ist ein Perspektivenwechsel: Mitglieder unterschiedlicher Gruppen sollen sich in die jeweils andere Gruppe hineinversetzen können. Dies gelingt durch Sensibi-

---

[3] Wir würden in dieser Graphik Gender statt Personality in den Mittelpunkt setzen, da unserer Ansicht nach Gender die strukturwirksamere Kategorie ist.

lisierung, Wertschätzung und Offenheit für die Vielfalt der Sicht- und Lebensweisen.

Das Managementprinzip „Diversity" bedeutet nicht nur, bisher unterrepräsentierte oder benachteiligte Gruppen wie z.B. Frauen, Ältere, Behinderte, Migranten etc. in der Personal- und Unternehmenspolitik gleichermaßen zu berücksichtigen, sondern diese aktiv einzubinden. Offenheit und konsequentes Denken in Vielfalt ist das Kernanliegen.

In Deutschland vertreten viele Menschen die Ansicht, dass Gleichheit und Gleichbehandlung zu mehr Gerechtigkeit führten. Dem Diversity-Ansatz liegt dagegen die Auffassung zugrunde, dass Menschen unterschiedlich sind und dementsprechend unterschiedlich behandelt werden sollten, ohne jedoch damit Hierarchien oder Ungleichheiten festzuschreiben.

Managing Diversity will die Vielfalt von Lebens- und Berufserfahrungen, Sichtweisen und Werten in das Berufsleben integrieren. Als Personalentwicklungsstrategie zielt es darauf ab, diese Vielfalt systematisch wahrzunehmen, bewusst anzuerkennen und daraus einen Nutzen für das Unternehmen zu ziehen: z.B. auf der personalen Ebene, aber auch durch die spezifisch auf Kundinnen und Kunden zugeschnittene Vermarktung von Produkten. In unserem Beratungskontext ordnet sich Managing Diversity der personalen Ebene zu und berührt insbesondere den fachlichen Kontext.

Managing Diversity und Gender Mainstreaming können sinnvoll miteinander verknüpft werden, denn sie haben nicht unerhebliche Gemeinsamkeiten:

– beide setzen auf differenzierte Wahrnehmung, aber „Gender" benennt das Geschlecht als die strukturwirksamere Kategorie und differenziert erst dann nach ethnischer Zugehörigkeit oder Herkunft, sexueller Orientierung, sozialer Lage, oder Befähigung bzw. Behinderung;
– beide benennen soziale Strukturen, die Menschen prägen;
– beide können gegen Diskriminierung wirken.

Es gibt aber in der bisherigen Praxis auch bedeutende Unterschiede:

– Gender Mainstreaming zielt nicht nur auf Modernisierung, sondern vor allen Dingen auf Gleichstellung von Frauen und Männern in ihrer Vielfalt; Managing Diversity stellt dagegen den ökonomischen Nutzen deutlich in den Vordergrund;

- Managing Diversity richtet sich im Gegensatz zu Gender Mainstreaming nicht immer eindeutig gegen Diskriminierung;
- Managing Diversity orientiert sich meist primär an den Anforderungen der Ökonomie und den Zielen des Unternehmens, während Gender Mainstreaming diese Ziele beeinflussen und verändern kann;
- Managing Diversity wird meist nicht als Gemeinschaftsaufgabe verstanden, während Gender Mainstreaming die systematische Anerkennung der Vielfalt ebenso wie die Orientierung auf Gleichstellung als Aufgabe aller versteht.[4]

Für uns stellen Gender Mainstreaming und Managing Diversity keine Gegensätze dar. Gemeinsame Ansatzpunkte finden sich insbesondere dann, wenn die (sozial)politische Dimension miteinbezogen wird und sich die anti-diskriminierenden Perspektiven des Managing Diversity mit der gender-bezogenen Kritik an hegemonialen Strukturen und den Konstruktionsmechanismen von Herrschaft und Dominanz verknüpfen. „Wird die soziale Kategorie Gender nicht exklusiv, sondern relativ in Bezug zu anderen Kategorien sozialer Differenzierung (Alter, Klasse, Religion, etc.) gesehen, dann erscheinen Männer und Frauen in diversen Konstellationen von Gleichheit und Ungleichheit."[5] Dem entspricht unsere Definition von Gender in seiner Vielfalt (Gender Diversity) und die Zuordnung auf den verschiedenen Beratungsebenen. Wichtig ist es uns, zu betonen, dass wir Gender als die wichtigste strukturwirksame Kategorie ansehen. Ein Blick auf Diversity, der Gender außer acht lässt oder vernachlässigt, greift immer zu kurz.

---

[4] Vgl. www.gender-mainstreaming.net/gm/Wissensnetz/ziele,did=16586.html (Abfrage 30.9.2005)

[5] Vgl. www.migration-boell.de/web/diversity/48_282.htm

2.3 Instrumente des Gender Mainstreaming

Gender-Analysen – Gender-Archäologie nach A. Goertz

Die Entwicklung eines Konzepts zur Implementierung gleichstellungsbezogener Strategien erfordert die Analyse des Ist-Zustands einer Organisation, d.h. eine geschlechterdifferenzierte Datenanalyse unter Berücksichtigung bereits vorhandener Maßnahmen zur Herstellung von Chancengleichheit. Eine Konzeptentwicklung für eine Gender-Orientierung im Unternehmen kann nur nach einer ausführlichen Situationsanalyse erfolgen. Dazu haben wir auf der Grundlage der Gender-Archäologie von A. Goertz eine Gender-Analyse von Organisationen entwickelt.[6]

Die Gender-Analyse umfasst folgende Leitfragen:

Institutionelle Geschichte	• Wie ist die Organisation entstanden? • Wer hat sie gegründet? • Welche Ziele wurden mit der Gründung verfolgt? • Welche Interessen werden vorrangig vertreten? • Wer sind die Zielgruppen bzw. Kundinnen und Kunden der Organisation? • Sehen Sie unterschiedliche Interessen von Frauen und Männern bei den fachlichen Fragestellungen und Aufgaben?
Ideologie, Werte und Normen	• Beschreiben Sie in Stichworten Werte und Normen der Organisation, z.B. zukunftsorientiert, karrierefördernd, familienorientiert, ökologiebewusst. • Ist eine Balance zwischen Männern und Frauen auf Leitungs- und Entscheidungsebenen als Ziel vorgesehen? • Ist die Organisation eher stark leistungsorientiert ausgerichtet? • Sehen Sie Unterschiede zwischen Werten und Normen von Männern und Frauen in den unterschiedlichen Organisationsbezügen?

[6] Die Gender-Archäologie wurde uns freundlicherweise von Edda Kirleis über das Gendertrainerinnennetzwerk in deutscher Sprache zur Verfügung gestellt.

Organisationskultur	• Was ist Ihnen an Ihrer Organisationskultur besonders wichtig? • Gibt es so etwas wie eine spezifische Männer- oder Frauenkultur? • Gibt es gesonderte Arbeitsbereiche von Männern und Frauen? • Gibt es eine kulturelle Vielfalt von Personen in Ihrer Organisation?
Hauptamtliche und Ehrenamtliche	• Welche Hierarchie-Ebenen gibt es? • Auf welchen Ebenen sind Frauen und Männer vertreten? • Wie viele Hauptamtliche, wie viele Ehrenamtliche sind in Leitungsgremien? Wie viele Männer, wie viele Frauen sind jeweils in den Leitungsgremien? • Wie ist die Verteilung von Frauen und Männern unter den sonstigen Mitarbeiterinnen und Mitarbeitern? • Welche Funktionsebenen gibt es dort? Wie ist die Verteilung von Männern und Frauen dort? • Gibt es Gruppierungen, die nicht vorkommen, z.b. Minderheiten in sozialer Hinsicht oder von ihrer Abstammung? • Haben Sie den Eindruck, dass sich die Präsenz von Frauen und Männern in irgendeiner Weise auswirkt?
Zeit, Ort, Vereinbarkeit und andere Aufgaben	• Welche Arbeitszeiten haben die Mitarbeiter/innen und Mitarbeiter auf den verschiedenen Ebenen? • Gibt es unterschiedliche Arbeitszeiten und auf wen wirken sie sich besonders aus? • Welche Intensität der Mitarbeit wird von Ehrenamtlichen erwartet? • Gibt es unterschiedliche Erwartungen an Frauen und Männern hinsichtlich Überstunden bzw. ehrenamtlicher Arbeit? • Wird von den Hauptamtlichen ehrenamtliche Arbeit erwartet? • Gibt es einen hohen Arbeitsdruck? • Müssen Sie außerhalb von regulären Arbeitszeiten arbeiten? • Wirken sich diese Arbeitszeiten auf Männer und Frauen unterschiedlich aus?

Führungsstrukturen	• Welche Leitungsebenen gibt es? • Gibt es formelle und informelle Netzwerke? • Wie sind Frauen und Männer (in ihrer kulturellen Vielfalt) in solche Netzwerke integriert? • Welche Aufgaben hat die Leitung? • Wie sind die Führungspositionen besetzt (Männer und Frauen in %)? • Liegt dort Leitungs- und Entscheidungsmacht?
Sexualität in Institutionen	• In der Gesellschaft ist Heterosexualität die Norm. Ist das in Ihrem Arbeitszusammenhang auch so? • Gibt es ein offenes oder ein verdecktes Bekenntnis zur Homosexualität? • Gibt es soziale Sanktionen bei von der Norm abweichendem Verhalten? • Kommt sexuelle Belästigung am Arbeitsplatz oder in ehrenamtlichen Zusammenhängen in der Organisation vor? • Wird Sexualität und sexuelle Orientierung thematisiert?
Leistungsbewertungen	• Welche Leistungen werden besonders belohnt? • Welche Leistungen führen zu Anerkennung, welche zu Beförderung? • Welche Leistungen erhalten keine Anerkennung? • Wer arbeitet in welchen Schwerpunkten? • Werden Schwerpunkte unterschiedlich bewertet? • Werden Frauen in denselben Schwerpunkten gleich bewertet? • Gibt es in der finanziellen und sozialen Bewertung Unterschiede?
Fachliche Arbeit	• Welche fachlichen Schwerpunkte gibt es in der Organisation? • Welche inhaltlichen Schwerpunkte fehlen? • Sind Ihnen am Arbeitsplatz Gender-Fragen begegnet? Wenn ja, in welcher Form? • Haben Sie die Ihnen zur Verfügung stehenden Ressourcen gender-differenziert analysiert? • Wie drücken sich Normen, Werte, geschlechtliche Arbeitsteilung, Einstellungen, Verhalten und Wertschätzung in Ihrem Arbeitsgebiet aus?

	• Welche Unterschiede zwischen Männern und Frauen haben Sie analysiert? • Wie berücksichtigen Sie Gender-Fragen in Ihrem Arbeitsbereich? • Wie werden Geschlechterfragen bei Planungen in der fachlichen Arbeit berücksichtigt?

Gender-Analysen machen häufig deutlich, dass Organisationen von einer „Kultur der Zweigeschlechtlichkeit" geprägt sind. Gender ist als „männliches" oder „weibliches" Strukturprinzip tief in die Kultur von Organisationen eingeschrieben. Die Vielfalt der Lebenssituationen von Frauen und Männern – und damit von kulturellen und sozialen Geschlechterrollen und -verhältnissen – ist in der gesellschaftlichen Realität wesentlich größer als das, was Organisationen und Unternehmen zulassen. Vielfach orientieren sich Unternehmen immer noch – bewusst oder unbewusst – am Leitbild des weißen, männlichen Vollzeiterwerbsarbeitnehmers als „Ernährer" und der hinzuverdienenden Teilzeit arbeitenden Ehefrau. Entsprechend richten sie ihre Arbeitsabläufe, Organisationsstrukturen und ihre Personalpolitik, aber auch ihre Produkte und Kundenbeziehungen daran aus.

Gender Mainstreaming als organisationspolitisches Leitbild bedeutet, diesen engen Rahmen von „Zweigeschlechtlichkeit" zu erweitern und Strukturen zu verändern. Gender-Perspektiven werden in der fachlichen Arbeit, in Projekten und Maßnahmen von vornherein integriert und die Kundinnen und Kunden der Organisation – z.B. Teilnehmende von Bildungsveranstaltungen oder Bürgerinnen und Bürger einer Kommune – geschlechterdifferenziert angesprochen und berücksichtigt. Damit wird deutlich, dass die Implementierung von Gender Mainstreaming einen umfassenden Organisationsentwicklungsprozess, d.h. die Veränderung der Organisationskultur, das Erreichen unterschiedlicher Zielgruppen und damit die Verbesserung der Qualität der fachlichen Arbeit, zur Folge haben kann.

6-Schritte-Methode nach Tondorf

Ein Instrument bei der Implementierung von Gender Mainstreaming im Rahmen politischer Prozesse ist die 6-Schritte-Methode nach K. Tondorf:

Schritte	Voraussetzungen*
1. Definition der gleichstellungspolitischen Ziele Welcher Soll-Zustand wird durch das zu entscheidende Vorhaben angestrebt?	• Kenntnisse über den Ist-Zustand • Zugrundelegen einschlägiger Rechtsnormen und Programme • Koordinierung mit allen betroffenen Bereichen
2. Analyse der Probleme und der Betroffenen Welches sind die Hemmnisse auf dem Weg zu mehr Chancengleichheit oder Geschlechterdemokratie?	• Wissen über gender-differenzierte Zugänge • Zuarbeit und Unterstützung, z.B. durch Gutachten, Materialien, Schulungen
3. Entwicklung von Lösungsmöglichkeiten Welche Alternativen bestehen hinsichtlich der Realisierung?	• Wie oben
4. Analyse der Optionen im Hinblick auf die voraussichtlichen Auswirkungen auf die Gleichstellung Welche Option lässt den höchsten Zielerreichungsgrad erwarten?	• Analyse- und Bewertungskriterien
5. Umsetzung der getroffenen Entscheidung	
6. Erfolgskontrolle und Evaluation Wurden die Ziele erreicht? Welches sind die Ursachen für die Nichterreichung bzw. Teilerreichung? Welche weiteren Maßnahmen sind notwendig?	• Daten über die Zielerreichung • Berichtssystem • Verpflichtende Ursachenanalyse

* erforderliche Ressourcen und Fachkenntnisse werden durchgängig vorausgesetzt

*Prüfkriterien und Prüffragen zu den voraussichtlichen Auswirkungen
von Lösungsmöglichkeiten auf die Gleichstellung von Frauen und Männern:*

Prüfkriterien	Prüffragen
Rechtliche Gleichstellung	• Inwieweit tragen die jeweiligen Optionen, z.B. Gesetze, Verordnungen, Richtlinien, Dienstvereinbarungen, Leitlinien usw. zum Abbau mittelbarer bzw. unmittelbarer Diskriminierung bei? • Inwieweit erleichtern die Optionen den Zugang zu Recht und die Inanspruchnahme von Recht?
Gleichstellung hinsichtlich verschiedener Ressourcen	• Inwieweit fördern die jeweiligen Optionen die Gleichstellung von Frauen und Männern bezogen auf – Einkommen – Vermögen – Bildung und Ausbildung – Berufsausübung, berufliche Weiterentwicklung, Aufstieg – Zeitressourcen – Informationen – Technische Ressourcen – Gesundheitsversorgung – Erholung – Mobilität – Persönlichkeitsentwicklung etc.
Gleichstellung hinsichtlich der Beteiligung an Entscheidungen	• Inwieweit fördern die jeweiligen Optionen eine ausgewogene Mitwirkung von Frauen und Männern an Entscheidungsprozessen?

3-R-Analyse-Methode

Eine weitere Methode zur Durchführung einer Gender-Analyse ist die 3-R-Methode. Sie wurde in Schweden entwickelt und in den dortigen Gender-Mainstreaming-Prozessen als geeignetes Instrument zur Analyse von Gender in Kommunen eingeführt. 3-R steht für: Repräsentation, Ressourcen und Realisierung.

Repräsentation bezieht sich auf die Abbildung der horizontalen (nach Bereichen oder Abteilungen) und vertikalen (nach Hierarchiestufen) Verteilung von Frauen und Männern in einer Organisation oder in der Zielgruppe einer Organisation. Dabei ist interessant, über welche Ressourcen Frauen und Männer in den jeweiligen Positionen verfügen. Von Bedeutung sind etwa die Verfügung über Finanzmittel, z.B. als Einkommen oder als zu vergebende Fördermittel, über Zeit oder über Raum. Realisierung beschreibt dann eine qualitative Dimension und zielt auf die Abbildung der in einer Organisation vorherrschenden Wertestruktur: Sind eher Frauen oder Männer angesprochen? Welches Frauen- und Männerbild wird unterstellt? Welche Frauen und Männer sind gemeint? (Vgl. Döge 2001, S. 24.)

Mögliche Kriterien für eine Ressourcenbeschreibung sind: Zeit, Raum, Information, Geld, politische und wirtschaftliche Macht, Bildung, Ausbildung, Beruf, berufliche Laufbahn, neue Technologien, Gesundheitsversorgung, Wohnverhältnisse, Transportmöglichkeiten, nicht bezahlte Haus- und Familienarbeit und ehrenamtliche Arbeit.

Auf der Grundlage einer Bestandsaufnahme werden Projekte entwickelt, Ziele definiert und Maßnahmen festgelegt.

Gender Impact Assessment

Als Instrument zur vorherigen Abschätzung möglicher geschlechtsdifferenzierter Effekte geplanter Maßnahmen – beispielsweise beim Erlass von Gesetzen – wurde in den Niederlanden das Instrument des Gender Impact Assessment (GIA) entwickelt. Das Bundesumweltministerium (BMU) hat dieses Instrument weiterentwickelt und für den Einsatz in der Bundesverwaltung optimiert. Das GIA geht bei der Beschreibung der Geschlechterverhältnisse von drei Aspekten aus:

Strukturen:	Wo materialisieren sich die (ungleichen) Kräfteverhältnisse zwischen Frauen und Männern?
Prozesse:	Wie werden die (ungleichen) Geschlechterverhältnisse produziert und reproduziert?
Kriterien:	Wie können diese bewertet werden?

Fünf Schritte einer Gender-Impact-Analyse

1. Beschreibung der aktuellen Situation von Frauen und Männern
2. Darstellung der zu erwartenden Entwicklung ohne die neue politische Maßnahme
3. Detaillierte Analyse der neuen Maßnahme
4. Analyse und Beschreibung möglicher Effekte auf das Geschlechterverhältnis
5. Evaluation der positiven und negativen Effekte

Das Prüfverfahren im Geschäftsbereich des BMU erfolgt in den drei Stufen Relevanzprüfung, GIA-Hauptprüfung und Bewertung:[7]

1. Relevanzprüfung (Vorprüfung)	a) Auf welchen Sachverhalt bezieht sich die Relevanzprüfung?
	b) Welche Maßnahme ist beabsichtigt?
Feststellung der Relevanz von Geschlechterfragen	a) Werden von der Maßnahme, oder von Teilen davon, Personen *unmittelbar* betroffen, d.h. heißt: Welches sind die Zielgruppen einer Maßnahme? Und in welchen Bereichen sind Männer und Frauen betroffen, z.B. Familie, Beruf, Freizeit?
	b) *Mittelbar* betroffen sind Personengruppen, die nicht Zielgruppe einer Maßnahme sind, auf die die Maßnahme aber Auswirkungen im täglichen Leben hat. Auch hier ist die Art der Betroffenheit festzustellen.
	c) Ausmaß der Betroffenheit von Männern und Frauen feststellen: Zahl der betroffenen Frauen, Grad der Betroffenheit. Wie gravierend ist die Auswirkung?

---

[7] Vgl.: www.bmu.de/gender/mainstreaming/doc/6922.php (Abfrage 24.9.2005)

	d) Falls das Ausmaß der Betroffenheit von Männern und Frauen bekannt ist: Sind diese unterschiedlich betroffen? Worin bestehen die Unterschiede? Haben sie unterschiedlichen Zugang zu Informationen? Haben sie unterschiedliche Zugänge zu Entscheidungsprozessen? Zur Kommunikation?
Ergebnis der Relevanzprüfung	Ist eine Gender-Impact-Prüfung durchzuführen?

2. Gender Impact Assessment (Hauptprüfung)	Beschreibung der Maßnahme: a) Welche umweltpolitischen Ziele hat die Maßnahme und wie begründen sich diese? b) Welche Daten und/oder Forschungsergebnisse liegen der Maßnahme zugrunde; sind sie geschlechtsspezifisch differenziert? c) Welche Instrumente dienen der Zielerreichung? (Detaillierte Beschreibung) d) Wer sind die Akteurinnen und Akteure bei der Gestaltung der Maßnahme? Welche Einflussmöglichkeiten hat das BMU? e) Welche fachlichen Alternativen bzw. Varianten sind mit welchem Ergebnis geprüft worden?
Analyse der Gender-Aspekte der Maßnahme	a) Werden von der Maßnahme gleichstellungspolitische Ziele berührt? b) Welche Gender-Auswirkungen (Haupt- und Nebenwirkungen) wird die geplante Maßnahme haben? c) Welche Personengruppen sind unmittelbar und mittelbar betroffen? (Detaillierte Beschreibung) d) Welche relevanten Gruppen sind in welcher Form und zu welchem Zeitpunkt hinsichtlich der Gender-Aspekte einzubeziehen?
Ergebnis der Hauptprüfung	a) Ergebnis der hausinternen Prüfung in Bezug auf die Gender-Relevanz b) Ergebnisse der Konsultationen mit den gesellschaftlich relevanten Gruppen c) Ergeben sich Zielallianzen oder Zielkonflikte? d) Welche Gender-Relevanz hätten die geprüften Alternativen bzw. Varianten?

3. Bewertung und Votum	a) Abwägung der Umweltziele und der analysierten Gender-Aspekte einschließlich einer Bewertung der Alternativen bzw. Varianten. Votum.
	b) Maßnahmen zur Verbesserung der Datenlage.
	c) Gesamtvotum einschließlich Lösungsvorschlag, ggf. Benennung von Verbesserungsmöglichkeiten in Bezug auf die Maßnahme.
	Im Votum ist zu bewerten, wie die geplante Maßnahme dazu beitragen kann, Ungleichheiten zu beseitigen und die Gleichstellung von Frauen und Männern zu fördern.

Gender-Budgetanalyse

Organisatorisches Handeln manifestiert sich immer in monetären Präferenzen, die sich in einem Haushalts- oder Finanzplan widerspiegeln. Politisches Handeln ist niemals geschlechtsneutral, da es Frauen und Männer in verschiedensten Lebenssituationen betrifft und daher unterschiedliche, die eine oder andere Geschlechtergruppe benachteiligende Auswirkungen haben kann. Somit weist auch jeder Haushaltsplan einen „gender-bias" auf. Zu dessen Beschreibung wurde das Instrument der Gender-Budgetanalyse entwickelt.

Gender-Budgetanalysen von öffentlichen Haushalten wurden bisher in 21 Staaten, etwa der Republik Südafrika oder in Australien, durchgeführt. Allgemein steht folgendes Instrumentarium für eine Gender-Budgetanalyse zur Verfügung:

| Geschlechtsspezifische Nutzenanalyse | *Welcher geschlechterdifferenzierte Nutzen ergibt sich für Männer und Frauen?* Ausgewählte Frauen (und Männer) werden nach ihren monetären Präferenzen befragt: Wie würden Sie das Geld verteilen, wenn Sie Finanzminister/in wären? Die Ergebnisse der Befragung werden mit dem vorliegenden Finanz- bzw. Haushaltsplan verglichen. |
| Geschlechtsdifferenzierte Analyse der Ausgabenstruktur | *Welche geschlechterdifferenzierten Ausgaben ergibt eine entsprechende Analyse?* In ausgewählten Politikfeldern bzw. Programmbereichen wer- |

	den die Ausgaben hinsichtlich ihrer Verteilung auf Frauen und Männer bzw. Mädchen und Jungen aufgegliedert. Dieses Vorgehen erfordert entsprechende Daten.
Geschlechtsspezifische Analyse der Besteuerungsmaßnahmen	*Welche geschlechterdifferenzierten Daten ergibt eine Analyse der Besteuerungsmaßnahmen?* Hiermit wird die steuerliche Belastung nach Haushaltstypen von Männern und Frauen abgeschätzt.
Analyse des Einflusses der Zeitbudgets von Männern und Frauen auf das Volkseinkommen	*Welche geschlechterdifferenzierten Daten ergibt eine Analyse des Einflusses der Zeitbudgets von Männern und Frauen auf das Volkseinkommen?* Hier wird untersucht, auf welche Weise nationale Budgets auf unbezahlter (Haus- und Familien-)Arbeit basieren. Hierzu ist die Erstellung geschlechtsdifferenzierter Zeitbudgetstudien erforderlich.
Auswertung und Integration	• Entwicklung eines geschlechtssensiblen Rahmens für die makroökonomische Planung. • Entwicklung eines Berichtswesens hinsichtlich der Integration von Gender in die Budget-Planung.

Gender-Analyse eines Haushaltsplans

Ausgangssituation	• Wofür wird Geld verausgabt?
Auswirkungen auf Männer und Frauen	• Wer ist davon betroffen? Auswirkungen auf Männer und Frauen in ihrer Vielfalt (Gender-Diversity) beachten!
Nutzenberechnungen	• Gibt es unterschiedliche Nutzenberechnungen für unterschiedliche männliche und weibliche Zielgruppen?
Zielsetzungen	• Welche Zielsetzungen liegen den Verausgabungen zugrunde? • Könnten gender-differenzierte Ziele verfolgt werden?
Auswertung	• Welche gender-differenziert aufbereiteten Daten werden gebraucht?

3 Gender-Beratung

3.1 Der Beratungsansatz

Die Einführung und Verankerung von Gender Mainstreaming in einer Organisation ist – wie dargestellt – ein weitreichender Veränderungsprozess. Veränderungen bringen Bewegung, vertrautes Gelände wird verlassen. Dadurch entstehen auch Ängste und Widerstände bei den weiblichen und männlichen Führungskräften sowie den Mitarbeiterinnen und Mitarbeitern. Wird nun Gender als Strukturmerkmal und Analysekategorie in den Vordergrund gestellt, ist noch einmal mit zusätzlichen, ganz spezifischen Widerständen zu rechnen. Daher sollten diese Veränderungsprozesse nicht ohne interne und/oder externe Gender-Kompetenz durchgeführt werden.

Gender-Mainstreaming-Prozesse setzen in der Praxis auf verschiedenen Ebenen an und stellen entsprechend unterschiedliche Anforderungen an die Gender-Kompetenz der Beraterinnen und Berater. Wir unterscheiden zwischen *Gender-Mainstreaming-(Implementierungs-)Beratung*, die Gender-Mainstreaming-Kompetenz z.B. für die Gestaltung von Organisationsentwicklungsprozessen verlangt, und *gender-orientierter Fach- und Projektberatung*, deren Grundlage Gender-Kompetenz ist. Die Beratung wird spezifisch an die jeweilige Organisation angepasst. Grundlage sind dabei Ergebnisse der Geschlechterforschung und Erfahrungen aus der Gender-Mainstreaming-Beratungspraxis.

Gender-orientierte Veränderungsprozesse berühren immer auch die eigene Identität bzw. die individuellen Vorstellungen der Mitarbeitenden. Gender-Beratung hat dies im Blick, ohne die entstehenden Widerstände und Ängste zum zentralen Punkt der Veränderungsprozesse zu machen. Auf der fachlichen Ebene ergeben sich Schwierigkeiten bei der Implementierung und Anwendung häufig aus den unterschiedlichen Herangehensweisen an geschlechterpolitische Frage- und Problemstellungen durch die beteiligten Männer und Frauen in Organisationen. Wir bezeichnen dies als

„Ungleichzeitigkeit des Gender-Dialogs". Damit beschreiben wir auch unterschiedliche Erfahrungen, die Frauen und Männer in bzw. durch Frauen-/ Männerbewegungen gemacht haben.

Ebenen der Gender-Beratung

a) Gender Mainstreaming ist *Organisationsentwicklung*: Gender ist eine strukturwirksame Kategorie; die jeweils gesellschaftlich vorherrschenden Vorstellungen von Weiblichkeit und Männlichkeit bilden sich auch innerhalb der betrieblichen Strukturen ab. Es entwickeln sich Dominanzkulturen, die von der jeweiligen Geschichte und Entwicklung der Organisation geprägt sind. Wir unterscheiden dabei „männlich" und „weiblich" geprägte Organisationen. D.h. rational-dominante werden als „männlich" konnotierte Strukturen bezeichnet, eher emotional-soziale Strukturen als „weiblich". Es kann sich selbstverständlich auch um emotional-dominante Strukturen handeln. Im Profitbereich treffen wir eher auf „männlich" konnotierte Strukturen, während in Non-Profit-Organisationen – und da insbesondere im sozialen Bereich – „weiblich" konnotierte Strukturen zu finden sind.

b) Gender Mainstreaming ist *Personalentwicklung*: Die Anwendung von Gender berührt die personale und damit die individuelle Ebene von Führungskräften und Mitarbeitenden. Dabei geht es z.B. um folgende Fragen: Welche Geschlechterrollenbilder, d.h. welche normativen Vorstellungen von Frauen und Männern tragen die Einzelnen mit sich? Welchen Geschlechterrollenbildern begegnen sie in der Organisation? Welche Gender-Kompetenz benötigen Führungskräfte, um ihre Teams produktiv zu führen? Welche Gender-Kompetenz brauchen Führungskräfte, um Mitarbeiterinnen und Mitarbeiter bei der Anwendung von Gender als Analysekategorie fachlich zu unterstützen?

c) Gender ist auf der *fachlichen Ebene* ebenfalls eine relevante Analysekategorie: Hier geht es darum, die Kategorie Geschlecht von vornherein bei der Planung und Entwicklung von Projekten oder fachlichen Schwerpunkten zu berücksichtigen.

Der Transfer von Gender als Analysekategorie und die Integration in die fachliche Arbeit ist die zur Zeit größte Herausforderung aller Organisationen, die mit Gender-Mainstreaming-Implementierungsprozessen auf einer der drei Ebenen begonnen haben.

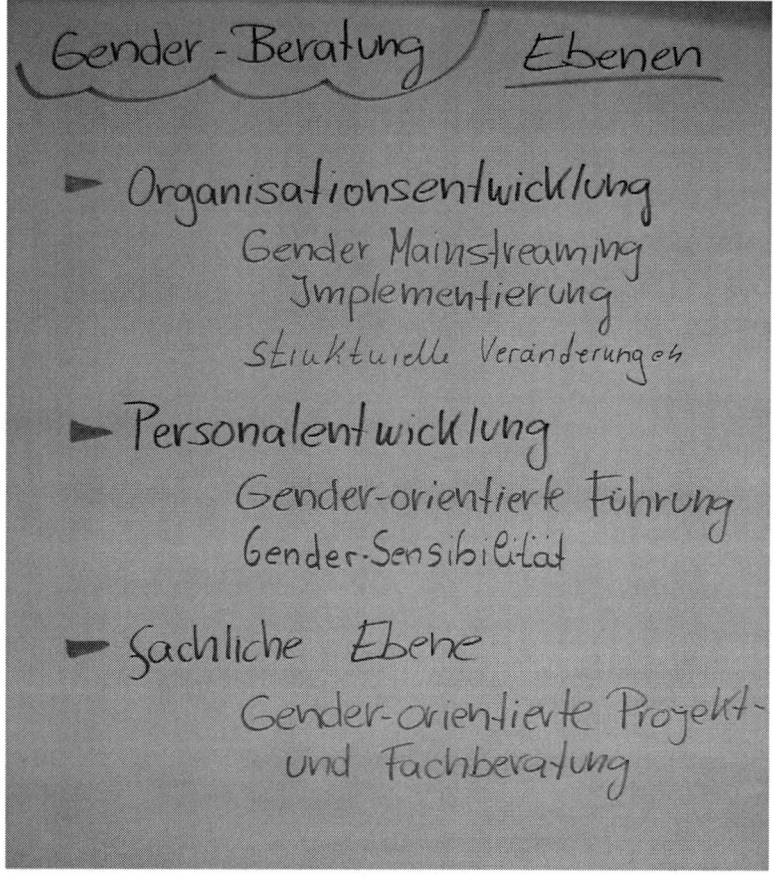

Eckpunkte zur Implementierung von Gender Mainstreaming

Implementierung von Gender-Mainstreaming zur Organisationsentwicklung	Entwicklung von Gender-Kompetenz im Rahmen von Personalentwicklung
• Entwicklung organisationsspezifischer Konzepte • Entwicklung eines Stufenplans	• Gender-Kompetenz bei Führungskräften entwickeln und stärken • Gender-Kompetenz bei Mitarbeiterinnen und Mitarbeitern entwickeln und stärken
Instrumente: • Projektumfeldanalyse • Zukunftsszenarien • Stolpersteinanalyse	*Instrumente:* • Gender-orientierte Personalentwicklung und Führungskräfteschulungen • Interne Schulung von Multiplikator/innen • Gender in die allgemeinen Fortbildungsangebote integrieren • Gender-Fortbildungen für Trainer und Trainerinnen
Gewinnen der männlichen und weiblichen Führungskräfte („Lähmschicht") • Männliche und weibliche Führungskräfte unterstützen die Einführung von Gender Mainstreaming • Männliche und weibliche Führungskräfte sind Promotoren und Promotorinnen • Männliche und weibliche Führungskräfte sind Vorbilder für die Mitarbeitenden • Männliche und weibliche Führungskräfte unterstützen die Mitarbeitenden bei der Umsetzung von Gender • Es gibt eine klare Informationspolitik • Es gibt Klarheit über die Ziele, die mit der Einführung von Gender Mainstreaming verbunden sind • Es gibt Klarheit über die Chancen und den Nutzen	

Anreize:	
• Es werden Anreizsysteme entwickelt, die den Prozess der Anwendung beschleunigen	
Gender anwenden – fachliche Ebene	*Gender nachhaltig umsetzen*
• Gender in die jeweiligen Arbeitsfelder in der Organisation durch die Mitarbeitenden integrieren • Gender-Instrumente anwenden	• Transferbegleitung durch Flying-Experts • Gender Coaching • Gender-orientierte Projektplanung • Controllingverfahren einführen

Gender-Mainstreaming-Kompetenz und Gender-Kompetenz

Gender-Mainstreaming-Kompetenz	*Gender-Kompetenz*
Wissen und Fähigkeiten, Organisationsentwicklungsprozesse gender-orientiert gestalten und entsprechend der Prinzipien des Gender Mainstreaming implementieren zu können.	Wissen über das Entstehen und die soziale Konstruktion von Geschlechterrollen und Geschlechterverhältnissen; Fähigkeit zur Reflexion von (eigenen) Geschlechterrollenbildern und zur Anwendung von Gender (Gender Diversity) als Analysekategorie im beruflichen und Organisationskontext.

Gegenüberstellung von Gender-Beratungs- und Trainingsansatz

Gender-Mainstreaming- (Implementierungs-) Beratung	*Gender-Training*	*Gender-Beratung*
Bezieht sich auf gender-orientierte Organisationsentwicklung und die Förderung von Gender-Mainstreaming-Kompetenz.	Sensibilisiert für Geschlechterfragen in Organisationen, fördert die Reflexionsfähigkeit und individuelle Gender-Kompetenz.	Unterstützt die Anwendung von Gender im beruflichen Kontext und fördert Gender-Kompetenz.

Strategie- und Konzeptentwicklung zur Einführung von Gender Mainstreaming. Hierfür bedarf es: • Offenheit für Veränderungsprozesse, • ein mittleres und oberes Management, welches Gender im Rahmen von Qualitätsentwicklung verankern will, • Prozessbegleitung.	Im Vordergrund steht die fachliche Anwendung der Analysekategorie „Gender". Die Trainings basieren auf dem Respekt vor der Ungleichzeitigkeit des Dialogs zwischen Männern und Frauen in den Organisationen sowie der Anerkennung von unterschiedlichen Zugängen. Die Rahmenbedingungen der Organisationen werden behandelt.	Im Vordergrund steht Wissensvermittlung und Handlungsorientierung. Zielt auf konkrete genderorientierte Projektbegleitung (GOPP).
Bespiele für Instrumente und Methoden: • Gender-orientierte (Implementierungs-) Beratung und Prozessgestaltung • Gender-orientierte Personalentwicklung • Einzelcoachings für männliche und weibliche Führungskräfte • Gender-Workshops	*Beispiele für Instrumente und Methoden:* • Entwicklung eines Stufenplans • Training/Workshop • Gender-Dialog • Perspektivenwechsel • Gender-Team • Arbeit in geschlechtshomogenen Gruppen	*Beispiele für Instrumente und Methoden:* • Gender Coaching für weibliche und männliche Ausbildungsteams • Gender-orientierte Projekt-planung (GOPP) im Rahmen der organisationsspezifischen Konzepte • Gender-orientierte Fachberatung, fachorientierte Gender-Beratung

Beispiel für einen Leitfaden zur Implementierung von Gender Mainstreaming in Organisationen:

1. Schritt: *Auftragsklärung, Klärung der Ausgangs- und Rahmenbedingungen*	• Wer fragt an? Was ist der Hintergrund der Anfrage? • Wer ist Auftraggeber/in: der/die Anfragende oder jemand anders? • Worum geht es? Wird eine gender-orientierte Projektberatung, eine Gender-Mainstreaming-Implementierungsberatung, eine gender-orientierte Fachberatung oder ein Gender-Training nachgefragt?

	• Welche Ziele verbindet der/die Auftraggeber/in mit dem Gender-Mainstreaming-Konzept bzw. mit dem Gender-Training? • Welche Kriterien zur Umsetzung und für die Feststellung des Erfolgs können festgeschrieben werden? Wann wäre der/die Auftraggeber/in zufrieden?
2. Schritt: *Implementierungskonzept der Organisation* *(Gender-Mainstreaming-Kompetenz)*	• Gender-Analyse der Organisation durchführen. • Ziele formulieren: Wann ist die Organisation für den/die Auftraggeber/in geschlechterdemokratisch bzw. geschlechtergerecht strukturiert? • Woran wird eine geschlechterdemokratische Organisationskultur festgestellt? Welche Kennzeichen werden für eine geschlechtergerechte Organisation entwickelt? • Ansatzpunkte und Handlungsfelder zur Zielerreichung herausarbeiten. • Top-Down-Ansatz beachten: Welche Führungskräfte müssen zuerst gewonnen werden, damit die Implementierung weitreichende Unterstützung erfährt? • Welche Gender-Kompetenz brauchen diese? • Welche gender-orientierten Personalentwicklungsmaßnahmen können eingesetzt werden? • Gender-Mainstreaming-Implementierungs-Konzept erstellen: z.B. Benennung von Gender-Beauftragten, Durchführen von Informationsveranstaltungen, Durchführen von Gender-Trainings, Durchführen von gender-orientierten Pilotprojekten in einem fachlichen Schwerpunkt etc. • Das Konzept und weitere Vorgehen vom Führungsgremium beschließen lassen.
3. Schritt: *Gender-Training und Gender-Workshops für Führungskräfte*	• Konzepte für Gender-Trainings vor dem Hintergrund des gender-orientierten Organisationsansatzes entwickeln. • Gender-Workshops für Führungskräfte entwickeln. • Durchführen und auswerten, ggf. anpassen. • Entwicklung organisationsspezifischer Leitfragen bzw. Checklisten für die Anwendung von Gender. • Konzepte für die Transferbegleitung erarbeiten. • Gender Coaching: Wie setzen die Führungskräfte ihren Einfluss ein?
4. Schritt: *Gender in der Organisation anwenden (Gender-Kompetenz)*	• Transferbegleitung bei der Anwendung der organisationsspezifischen Gender-Leitfäden und Arbeitshilfen. • Transferbegleitung bei der gender-orientierten Projektentwicklung. • Gender Coaching.

5. Schritt:	• Welche Ergebnisse liegen vor?
Auswertung mit Auf- *traggeber/in*	• Wurden die vereinbarten Ziele erreicht? Warum nicht? Warum teilweise?
	• Was kann verbessert werden?
	• Was sind die nächsten Schritte?
	• Was sind die nächsten Schritte zur Umsetzung?

3.2 Implementierungsprozesse geschlechterbezogener Gleichstellungsstrategien – Beispiele aus der Beratungspraxis

Im Folgenden werden vier Praxisbeispiele der Implementierung von Gender Mainstreaming bzw. der Gemeinschaftsaufgabe Geschlechterdemokratie beschrieben. Die Beispiele orientieren sich an den drei Ebenen der Implementierung:

Organisationsentwicklung – Beispiele:
– die Einführung von Gender Mainstreaming in der Vereinten Dienstleistungsgewerkschaft ver.di
– die Implementierung der Gemeinschaftsaufgabe Geschlechterdemokratie in der Heinrich-Böll-Stiftung

Personalentwicklung – Beispiele:
– das Konzept einer Fortbildung für Multiplikatorinnen und Multiplikatoren der Krankenkasse BARMER
– das Projekt „Gender Kompetenz in der Führungskräftequalifizierung" des Paritätischen Wohlfahrtsverbandes in Bayern

Fachliche Ebene – Das Beispiel der BARMER dient zugleich der Illustration der Einführung auf der fachlichen Ebene.

3.2.1 ver.di – Fit für Gender Mainstreaming[8]

Die Dienstleistungsgewerkschaft ver.di ist eine der größten freien Einzelgewerkschaften der Welt. Bei ihrer Gründung im Jahre 2001 wurde Geschlechterdemokratie als politisches Ziel in der Satzung festgeschrieben. Zur Erreichung dieses Zieles wird die gleichberechtigte Teilhabe von Männern und Frauen in Betrieb, Wirtschaft, Gesellschaft und Politik auch unter Anwendung der geschlechterpolitischen Strategie des Gender Mainstreaming postuliert. Zum Aufbau von Gender-Kompetenz sind „Strukturen [...] zu entwickeln und Beauftragte zu benennen, die das Gender Mainstreaming in allen Politikfeldern koordinieren und organisieren".[9]

Zur Umsetzung dieses Anspruchs unternahm ver.di folgende Schritte:
1. Politische Beschlussfassung auf höchster Führungsebene (Bundesvorstand)
2. Übertragung der Verantwortung auf die Führungsebene (Top-Down-Ansatz)
3. Einsetzung eines Gender-Beauftragten-Teams auf Bundesebene
4. Erarbeitung eines Gesamtkonzepts zur Implementierung
5. Benennung von Gender-Beauftragten auf Landes- und Fachbereichsebene
6. Kernstück I: Qualifizierung der Gender-Beauftragten in einer fünf Module umfassenden Fortbildungsreihe
7. Kernstück II: Informationsveranstaltungen für Mitarbeiterinnen und Mitarbeiter. Vorstellung des Gender-Mainstreaming-Konzepts und der „Leitfragen zur Gender-Prüfung von Beschlussvorlagen"
8. Identifizierung von Pilotprojekten in allen Fachbereichen
9. Begleitende Beratung durch die Gender-Beauftragten
10. Auswertung einzelner Aktivitäten
11. Dokumentation des Gesamtprozesses und Veröffentlichung

Die Einführung des Gender Mainstreaming basiert auf einer langen Tradition der Frauenpolitik in den Vorgängergewerkschaften von ver.di. Während der Verhandlungen über den Fusionsprozess wurde Gender

---

[8] Vgl. ver.di 2002, Klett 2003.
[9] http://www.verdi.de/oetv_2/intranet/gruppen_frauen/frauen/gender_mainstreaming/aufbewahrung/ fit_fuer_gender_mainstreaming (Abfrage 10.10.2005)

Mainstreaming als zweites Standbein neben der Frauenpolitik verankert. Wie die Europäische Union setzt ver.di damit auf eine Doppelstrategie mit eigenständigen Strukturen für beide geschlechterpolitischen Strategien. Die Beschlüsse zur Umsetzung wurden auf der Ebene des Bundesvorstandes getroffen, die Aufgabe der Konzeptentwicklung und praktische Realisierung obliegt allen Beteiligten und liegt insbesondere in der Verantwortung der weiblichen und männlichen Führungskräfte.

Zur Steuerung und Beratung auf der Bundesebene wurden ein Gewerkschaftssekretär und eine Gewerkschaftssekretärin als Gender-Beauftragte eingesetzt. Dieses Gender-Team ist direkt einem verantwortlichen Vorstandsmitglied zugeordnet. Gemeinsam erarbeitete es ein Gesamtkonzept zur Entwicklung von Gender-Kompetenz, und Gender-Beauftragte wurden frühzeitig auf allen Ebenen der Organisation eingesetzt.

Bestandteile des Konzepts waren die Entwicklung und Durchführung von Gender-Trainings für alle Mitarbeitenden sowie die Vorbereitung von Informationsveranstaltungen durch das Gender-Beauftragten-Team. Leitfragen zur Gender-Prüfung von Beschlussvorlagen und weiteren Arbeitsvorhaben wurden entwickelt. Kernstück des Konzepts war die Entwicklung und Durchführung eines Qualifizierungsprogramms für die Gender-Beauftragten. Dieses Programm bestand aus fünf Modulen zu verschiedenen Schwerpunkten. Ziel der Qualifizierungsmaßnahme war insbesondere, Grundwissen zu Gender Mainstreaming in der Organisation ver.di zu vermitteln, das vom Bundesteam vorbereitete Informationsveranstaltungskonzept kennenzulernen, die Anwendung der Leitfragen zu üben und der Aufbau von Gender-Beratungskompetenz. Die Qualifizierung sollte die Gender-Beauftragten befähigen, eigenständig Informationsveranstaltungen zu Gender Mainstreaming durchzuführen und ihre Gewerkschaftskolleginnen und -kollegen beraten zu können.

Die fünf Module der Qualifizierungsmaßnahme beinhalteten:
- die Durchführung eines Gender-Trainings
- eine Einführung in die Strategie des Gender Mainstreaming sowie die Reflexion von Geschlechterrollen bei ver.di
- die Übung von Gender-Prüfungen anhand der ver.di-Leitfragen
- die Vermittlung des Konzepts zur Durchführung von Informationsveranstaltungen
- projekt- und themenbezogene Gender-Beratungen.

Der Ansatz von ver.di steht und fällt mit der Übernahme von Verantwortung durch die Führungskräfte und die zentrale Rolle der Gender-Beauftragten. Das Schulungskonzept trug dazu bei, die Sensibilität für Gender als soziale Kategorie, Analysekategorie und Handlungsaufforderung zu entwickeln und Gender-Kompetenz bei den Gender-Beauftragten aufzubauen.

Schwierigkeiten ergaben sich auf der organisatorischen Ebene, da es nicht durchgängig gelang, männliche Promotoren für das Konzept des Gender Mainstreaming in der Organisation zu gewinnen. Der Zusatzgewinn, den ver.di für sich in der gender-differenzierten Personalpolitik, der verbesserten Führungsqualität, der zielgruppenspezifischen Tarifarbeit, der Modernisierung der Organisation sowie der passgenauen Ansprache unterschiedlicher Zielgruppen und damit der Mitgliedergewinnung sieht, konnte nur in Teilbereiche der Organisation hinein vermittelt werden.

Wie in vielen anderen Organisationen ist auch bei ver.di der Zugriff auf brauchbare Daten, eine Grundvoraussetzung für die Implementierung von Gender Mainstreaming, erst in Ansätzen erfüllt. Unter anderem wurde ein gender-politischer Datenwegweiser entwickelt. Bei Bedarf gibt es geschlechtsdifferenzierte Daten, aber auch Probleme bei der Anwendung und Auswertung. Letztere erfordert einen zusätzlichen Kostenaufwand und finanzielle und personelle Ressourcen. Die Einbeziehung von Gender-Perspektiven in der Planungsphase ist so nicht immer möglich, was dem Ansatz des Gender Mainstreaming (Einbeziehung gender-differenzierter Zugänge bereits bei der Planung und Konzeptionierung von politischen Projekten und Programmen) widerspricht.

Beschlussvorlagen für den ver.di-Bundesvorstand sollen während der Erarbeitung einer Gender-Prüfung unterzogen werden. Dazu wurden Leitfragen entwickelt, anhand derer die Vorlagen geprüft und mit deren Hilfe die Geschlechterperspektive besser integriert werden kann. Die ver.di-Leitfragen lauten:

a) Welche Ziele liegen der Entscheidung zu dieser Vorlage zugrunde?

b) Welche Auswirkungen haben die Sachverhalte auf Frauen und Männer in ihren jeweiligen Lebensentwürfen?

c) Welcher Beitrag zu (mehr) Geschlechterdemokratie soll mit der Umsetzung der Ziele erreicht werden?

d) Gibt es gender-spezifische Daten und Erkenntnisse, die die unterschiedliche Betroffenheit von Frauen und Männern verdeutlichen?

e) Welche Daten und Erkenntnisse werden benötigt und welche Hilfestellungen sind erforderlich, um diese verfügbar zu machen?

Zusammenfassung

Ver.di hat von Beginn an auf ein Gesamtkonzept gesetzt, das sowohl die Organisationsebene als auch die personale und die fachliche Ebene beinhaltet. Gender Mainstreaming soll von der gesamten Organisation mitgetragen werden. Ver.di ist die erste große Organisation, die Gender Mainstreaming in dieser Form vor vier Jahren in Deutschland eingeführt hat. Vor dem Hintergrund des Fusionsprozesses, der Größe der Organisation und der politischen Gesamtsituation von Gewerkschaften war dies ein mutiger Schritt. Mittlerweile sind kleinere und größere Fortschritte festzuhalten, aber auch Stolpersteine. Ein Stolperstein ist beispielsweise die Größe der Organisation und die Tatsache, dass sich zu wenig männliche Promotoren für das Konzept des Gender Mainstreaming eingesetzt haben. So war der Top-Down-Prozess und der Aufbau von Gender-Kompetenz in der Gesamtorganisation bisher nur in Ansätzen erfolgreich. Als ambivalent ist das Konzept der Gender-Beauftragten zu bewerten. Denn es verführt auch dazu, Geschlechterfragen als spezifische Fragen abzuspalten, an die Gender-Beauftragten zu delegieren und so nicht in die Alltagsarbeit der Gewerkschaftssekretäre und -sekretärinnen zu integrieren.

In der Praxis zeigt sich, dass die Arbeit mit den Leitfragen zur Gender-Prüfung nur eine Anregung sein kann, Gender als Analysekategorie anzuwenden. Als größte Schwierigkeit erweist sich die Integration in den Arbeitsalltag. Zusätzliche organisationsspezifische Formen der Gender-Beratung und der Transferunterstützung müssen entwickelt werden. Dabei ist auch das Beratungsverständnis der Gender-Beauftragten zu reflektieren und im Schulungskonzept stärker zu beachten. Es bewegt sich zwischen „Hilfe zur Selbsthilfe geben" und „selber vormachen". Letzteres hat viel mit dem politischen Auftrag der Gewerkschaftssekretäre und -sekretärinnen und dem daraus abgeleiteten Selbstverständnis (als Macher und Macherinnen) zu tun.

3.2.2 Heinrich-Böll-Stiftung – Implementierung der Gemeinschafts- aufgabe Geschlechterdemokratie

Die Heinrich-Böll-Stiftung ist eine der Partei Bündnis'90/Die Grünen nahe stehende Einrichtung der politischen Bildung. Bei ihrer Entstehung im Jahr 1997 durch Fusion mehrerer Stiftungen wurden unter anderem Geschlechterdemokratie und interkulturelle Demokratie als gesellschaftspolitische und organisationspolitische Leitbilder und Ziele festgelegt. Die Stiftung wird von außen als eine der wenigen Organisationen wahrgenommen, die dieses Ziel seit vielen Jahren in ihrer Bildungs- und Projektarbeit sowie organisationspolitisch konsequent und nachhaltig verfolgt. Die Stiftung baut dabei auf den Erfahrungen von Frauenbewegung(en), feministischer Politik, geschlechterpolitisch engagierten Männern und den Erkenntnissen der Frauen-, Geschlechter- und Männlichkeitsforschung auf. Geschlechterdialog und demokratische Aushandlungsprozesse zwischen den Geschlechtern stehen im Mittelpunkt.

Die Implementierung der Gemeinschaftsaufgabe Geschlechterdemokratie in der Heinrich-Böll-Stiftung erfolgte mit folgenden Schritten:

1. Beschluss zur Verankerung des Leitbildes Geschlechterdemokratie als Gemeinschaftsaufgabe in der Stiftungssatzung. Vorausgegangen war ein Fusions- und Reformprozess mehrerer Stiftungen (Stiftungsverband) mit jeweils unterschiedlichen frauen- und geschlechterpolitischen Profilen.
2. Umsetzung in einem Gegenstromverfahren: top-down und bottom-up. Betont wird die Verantwortung der gesamten Organisation – der Führungskräfte (top down) und der Mitarbeitenden (bottom up). Die Handlungsfähigkeit durch Gender-Kompetenz wird auf allen Ebenen gefördert.
3. Einrichtung einer Stabsstelle „Gemeinschaftsaufgabe Geschlechterdemokratie" mit einem Gender-Team (eine Referentin und ein Referent).
4. Ansatz und Selbstverständnis: Das Gender-Team berät die eigene Organisation bei der Umsetzung der geschlechterpolitischen Strategie, es initiiert Prozesse, bildet fort und bündelt die Erfahrungen, die in der Organisation bei der Umsetzung der Gemeinschaftsaufgabe gemacht werden. Die Erfahrungen werden ausgewertet und an die Leitungsebene zurückgegeben (Prozessberatung und -begleitung).

5. Die organisationsbezogene/-politische Umsetzung der Gemeinschafts-aufgabe Geschlechterdemokratie wird durch eine Steuerungsgruppe unter Leitung der Geschäftsführung koordiniert.

6. Die fachspezifische Umsetzung erfolgt abteilungs-, projekt- und schwerpunktbezogen in allen Abteilungen und Arbeitsbereichen, z.B. durch eine gender-orientierte Programm- und Projektplanung (GOPP).

7. Die Verantwortung für die Umsetzung der Gemeinschaftsaufgabe Geschlechterdemokratie ist in den Arbeitsverträgen und Stellenbeschreibungen verankert.

8. Der Prozess wird kontinuierlich intern hinterfragt und ausgewertet.

9. Fachspezifische Veröffentlichungen werden zur Verfügung gestellt.

Implementierung der Gemeinschaftsaufgabe auf der Organisationsebene

Für die Heinrich-Böll-Stiftung ist die Gemeinschaftsaufgabe Geschlechterdemokratie sowohl Zielvorgabe für die Organisation als auch für ihre bildungspolitischen Projekte und Programme. Geschlechterdemokratie ist als politische Vision im Leitbild sowie in der Satzung verankert. Auf der strukturellen Ebene wird Geschlecht als wesentliches strukturbildendes Prinzip betrachtet. Gender wird damit zu einer Analysekategorie. Auf der Grundlage von Gender-Analysen soll eine Veränderung der „Kultur der Zweigeschlechtlichkeit" in der Organisation erzielt werden. Die Verantwortung zur Begleitung der Prozesse liegt bei einer Steuerungsgruppe für die Gemeinschaftsaufgabe sowie bei den Führungskräften. Die fachliche Verantwortung, d.h. die Umsetzung im Aufgaben- und Fachgebiet, liegt bei den jeweiligen Mitarbeiterinnen und Mitarbeitern. Die Heinrich-Böll-Stiftung will die Vielfalt der individuellen und kulturellen Möglichkeiten und die Vielfalt der Geschlechterrollen in der Organisation nutzen.

Dabei hat die Stiftung auf der Grundlage einer Gender-Analyse und der Kriterien von Gertraude Krell[10] Kennzeichen für eine geschlechterdemokratische Heinrich-Böll-Stiftung entwickelt. Diese können wie folgt zusammengefasst werden:

---

[10] Krell 2004.

1. Es herrscht Pluralismus und es besteht die Bereitschaft, Differenzen auszuhalten und sich produktiv mit ihnen auseinanderzusetzen.
2. Frauen und Männer sind strukturell vollständig integriert; Frauen sind in allen Positionen und auf allen Hierarchieebenen mindestens zu 50 Prozent repräsentiert.
3. Die Wirkungsmächtigkeit informeller Netzwerke ist zurückgedrängt zugunsten von Transparenz und Formalisierung. Es besteht keine Benachteiligung von Frauen und Männern durch informelle Netzwerke.
4. Es gibt weder Vorurteile noch Diskriminierung. Das Verhalten von Frauen und Männern ist weder sexistisch noch rassistisch und nicht auf die heterosexuelle Norm festgelegt.
5. Alle Beschäftigten können sich gleichermaßen mit der Organisation identifizieren; das Ausmaß der Identifikation ist nicht abhängig von der Geschlechtszugehörigkeit.
6. Zwischen Frauen und Männern gibt es relativ wenige bzw. nur schwach ausgeprägte Konflikte, die sich auf Geschlechtszugehörigkeit gründen. Sie tragen Konflikte konstruktiv und lösungsorientiert aus, handeln rücksichtsvoll gegenüber anderen und sind kompromissbereit.
7. Die Organisation übernimmt in ihrer Außendarstellung, ihrer Kundinnen- und Kundenbeziehung sowie nach innen Verantwortung für das Ziel Geschlechterdemokratie. Frauen und Männer sind bereit, offen und öffentlich die Verträglichkeit der Leitbilder zu prüfen und daraus Konsequenzen zu ziehen.
8. Die Organisation übernimmt in ihrer inhaltlichen bzw. fachlichen Arbeit Verantwortung für die Umsetzung der Gemeinschaftsaufgabe.

Instrumente der Heinrich-Böll-Stiftung auf Organisationsebene sind:
- Verankerung der Gemeinschaftsaufgabe im Leitbild und in der Satzung der Heinrich-Böll-Stiftung.
- Die Gemeinschaftsaufgabe Geschlechterdemokratie ist Führungsverantwortung.
- Zwischen Vorstand und Leitungen sowie zwischen Leitungen und Abteilungen werden Zielvereinbarungen getroffen.
- Einrichtung einer Steuerungsgruppe zu Gender und Diversity.

Implementierung der Gemeinschaftsaufgabe auf der Personalebene

Die Initiierung und Gestaltung eines Umdenkungs- und Veränderungsprozesses durch die Gemeinschaftsaufgabe Geschlechterdemokratie ist auch Teil der Personalentwicklung in der Heinrich-Böll-Stiftung. Die Verantwortung für die Umsetzung der Gemeinschaftsaufgabe ist in den Arbeitsverträgen und Stellenbeschreibungen festgelegt. Gender-Kompetenz wird als notwendige Qualifikation der weiblichen und männlichen Führungskräfte betrachtet.

In der Personalentwicklung geht es nicht (nur) um den einzelnen Menschen und seine Qualifikationen, sondern um das „Aggregat Personal", also ein geformtes (soziales) System, das mehr ist, als nur die Summe der einzelnen Mitarbeiterinnen und Mitarbeiter. Dabei stehen die „Zielsetzungen des Unternehmens und nicht des Mitarbeiters/der Mitarbeiterin im Vordergrund"[11]. Darüber hinaus muss berücksichtigt werden, dass die Entwicklung von Arbeitsvermögen nicht nur aus persönlichem Antrieb der einzelnen Person erfolgt, sondern auch aufgrund der Dynamik sozialer Beziehungen und komplexer Strukturen: „Nicht was eine individuelle Person [leisten] kann, interessiert, sondern was eine Person, die mit anderen Personen nach vorgegebenen Regeln und Zielen zusammenarbeitet, [leisten] kann."[12] Die Art und Weise, wie Personalentwicklung gemacht wird, hängt neben dem Organisationszweck – profit oder non-profit – wesentlich vom Menschenbild ab. Mit dem Human-Resource-Modell verbindet sich z.B. die Annahme, dass Menschen zu sinnvollen Zielen der Organisation beitragen wollen und dass die meisten Menschen viel kreativere und verantwortungsvollere Aufgaben übernehmen könnten, als es die gegenwärtige Arbeit verlangt. Nach dem Human-Resource-Modell sollen Führungskräfte die verborgenen Qualitäten der Mitarbeiterinnen und Mitarbeiter sichtbar machen und nutzen. Mitbestimmung wird praktiziert und dabei die Fähigkeit zur Selbstbestimmung und Selbstkontrolle entwickelt. Erwartet werden dadurch Produktivitätssteigerungen und Zufriedenheit bei der Belegschaft.

Nicht direkt thematisiert werden in solchen modellhaften Betrachtungen die Auswirkungen, die sich aus der vorherrschenden hoch strukturwirksamen „Kultur der Zweigeschlechtlichkeit" ergeben. Die Inszenierungen der Geschlechterverhältnisse, die unterschiedlichen Zugänge und Lebenswirklichkeiten von Frauen und Männern wirken permanent auf die Mitarbeiten-

---

[11] Neuberger 1994, S. 3.
[12] Ebd.

den der Organisationen ein, werden produziert und reproduziert. Die Orientierung am Leitbild Geschlechterdemokratie verändert das Menschenbild in einer Organisation und prägt damit die Personalentwicklung und ihre Instrumente, in dem die vielfältigen und zum Teil unterschiedlichen Lebenswirklichkeiten und Interessen von Männern und Frauen von vornherein berücksichtigt werden.

Dieser Zusammenhang wird in dem folgenden Schaubild verdeutlicht, das die Wirkungsfelder bzw. Ebenen von Personalentwicklung visualisiert und weitere Ansatzpunkte auf der jeweiligen Ebene aufschlüsselt:

Wirkungsfelder

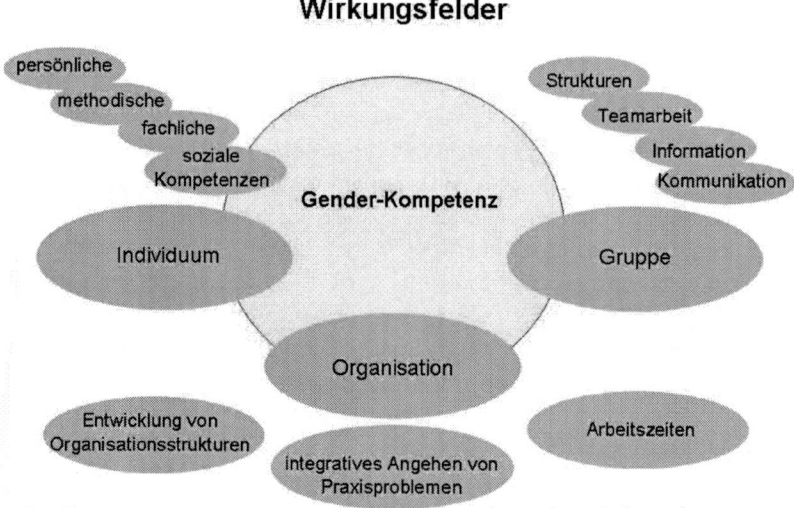

Instrumente der Heinrich-Böll-Stiftung auf der personalen Ebene sind:
- Verankerung der Verantwortung aller für die Umsetzung der beiden Gemeinschaftsaufgaben „Geschlechterdemokratie" und „Diversity/Interkulturelle Demokratie" in den Arbeitsverträgen und Stellenbeschreibungen
- Gender-differenzierte Projektberatung zum Aufbau von Gender-Kompetenz
- Gender- und Diversity-Trainings für alle (neuen) Mitarbeiterinnen und Mitarbeiter.

Implementierung der Gemeinschaftsaufgabe auf der fachlichen Ebene

Auf der fachlichen Ebene arbeitet die Heinrich-Böll-Stiftung mit folgenden Instrumenten:

- Gender-orientierte Projekt- und Programmplanung (GOPP) in der politischen Bildung Inland
- GOPP als erweitertes Planungs- und Steuerungsinstrument im Rahmen der internationalen Zusammenarbeit
- Abteilungs- oder projektspezifische Gender-Beratung durch ein Gender-Beratungsteam.

Das Instrument der gender-orientierten Projektberatung wird kontinuierlich weiterentwickelt. Auf Anfrage und als Angebot können einzelne Mitarbeiterinnen und Mitarbeiter, Abteilungen, Teams oder Arbeitsgruppen eine fachspezifische Gender-Beratung erhalten. Hauptinstrument ist das folgende Planungsraster (GOPP):

Planungselement	Inhalt
Maßnahme bzw. Projekt	Kurzbeschreibung des Projektgegenstands
Bestandsaufnahme	Gender-Analyse der Ausgangsbedingungen der Maßnahme oder des Projektes
Zielformulierung	Beschreibung der Ziele der Maßnahme bzw. des Projektes Formulierung geschlechterpolitischer Ziele
Zielgruppenanalyse	Gender-differenzierte Beschreibung der Zielgruppe(n) des Projekts bzw. der Maßnahme
Ansatzpunkte	Beschreibung der Handlungsmöglichkeiten, die sich zur Erreichung der Ziele in Bezug auf die Zielgruppen ergeben: Welche geschlechterpolitischen Ansatzpunkte gibt es?
Indikatoren	Welche Messgrößen gibt es, die die Erreichung der Zielsetzungen belegen?
Instrumente und Methoden	Welche Methoden und Instrumente sollen eingesetzt werden? Welche geschlechterpolitischen Instrumente können angewendet werden?

Rahmenbedingungen	Unter welchen Rahmenbedingungen und gegebenenfalls Restriktionen findet die Umsetzung der Maßnahme bzw. des Projektes statt?
Anforderungen und Unterstützung	Welche Gender-Kompetenz wird benötigt, um die Maßnahme geschlechterdemokratisch entwickeln zu können? Welche Unterstützung ist gewünscht?

Zusammenfassung

Die Heinrich-Böll-Stiftung war eine der ersten Organisationen in Deutschland, die das Konzept der Gemeinschaftsaufgabe Geschlechterdemokratie im Rahmen des eigenen Fusionsprozess 1997 entwickelt und organisationspolitisch als Zielorientierung verankert hat.

Das Konzept der Vermittlung von Gender-Kompetenz durch Gender-Training und Gender-Beratung wird in einem kontinuierlichen Qualitätsentwicklungsprozess ausgewertet und weiterentwickelt. Zunehmend entwickelt sich auch die fachspezifische Gender-Beratung zu einem weiteren zentralen Instrument.

Eine der Besonderheiten der Gemeinschaftsaufgabe ist deren immer enger werdende Verknüpfung mit der zweiten Gemeinschaftsaufgabe der Stiftung, „Diversity/Interkulturelle Demokratie", sowie der ständige Auftrag, sowohl auf der politischen als auch auf der Organisationsebene neue Wege der Verbindung beider Ansätze zu gehen.

Als Stolperstein erweist sich auch hier, dass die Gemeinschaftsaufgabe Geschlechterdemokratie oft nicht von vornherein in die Entwicklung der Maßnahmen zur politischen Bildung integriert wird. Auch in der Heinrich-Böll-Stiftung ist die kontinuierliche Integration von Gender-Perspektiven in die Alltagsarbeit der schwierigste Umsetzungsschritt. Zudem mangelt es an gender-differenzierten Daten bzw. sind diese nicht in der Schnelligkeit vorhanden, wie sie häufig im politischen Geschehen notwendig wären. Auch gender-kompetente Fachleute zu den spezifischen politischen Themen stehen nicht immer zur Verfügung.

3.2.3 BARMER Ersatzkasse

Die BARMER Ersatzkasse ist mit 7,5 Millionen Versicherten und über 17.000 Beschäftigten Deutschlands größte Krankenkasse. Sie besteht seit 1884 und hat ihren Hauptsitz in Wuppertal-Barmen.

Ute Engelmann, Mitglied des Verwaltungsrates der BARMER, betont die Bedeutung von Geschlechterfragen in der Gesundheitspolitik und damit für die Arbeit der Krankenkasse: Diagnose und Therapie richteten sich immer noch häufig geschlechtsunspezifisch aus. Dabei sei das Gesundheitsempfinden von Männern und Frauen unterschiedlich, z.B. im Präventionsverhalten. Gender Mainstreaming sei also durchaus ein Thema für die gesetzliche Krankenkasse.

Nach ersten Erfahrungen mit der Anwendung der geschlechterbezogenen Perspektive in verschiedenen Pilotprojekten beschloss die BARMER den Implementierungsprozess von Gender Mainstreaming mit folgenden Schritten:

1. Vorstandsbeschluss zur Einführung von Gender Mainstreaming
2. Informationsveranstaltung für die Führungskräfte
3. Beschluss zur Erarbeitung eines ersten Konzeptes
4. Einrichtung einer Arbeitsgruppe aus allen Abteilungen zur Identifizierung von pilotfähigen Projekten (Gender als Analysekategorie)
5. Durchführung eines Gender-Workshops mit der oben genannten Arbeitsgruppe: Einführung von Gender, Zuordnung von Gender Mainstreaming in die Unternehmenspolitik, Identifizierung von Pilotprojekten, Einrichtung einer kontinuierlich arbeitenden Arbeitsgruppe
6. Bestätigung und Einrichtung der Arbeitsgruppe GEKO (GenderKoordination) durch die Unternehmensleitung
7. Entwicklung eines Konzeptes für eine Fortbildung für Multiplikatorinnen und Multiplikatoren in vier Modulen
8. Bestätigung durch die Unternehmensleitung
9. Durchführung einer Fortbildungsreihe für Multiplikatorinnen und Multiplikatoren sowie Fachlehrkräfte der Krankenkasse
10. Erarbeitung von Schritten zur Sicherung der Nachhaltigkeit im Unternehmen: Informationsveranstaltungen durch Gender-Teams der Fachlehrenden, Integration von Gender in die Arbeit der Fachlehrenden, Fortsetzung der Arbeit von GEKO (siehe oben).

Die Krankenkasse setzte von Beginn an auf eine Teilkonzeption zur Umsetzung von Gender Mainstreaming. Die Umsetzung sollte insbesondere in den fachlichen Schwerpunkten als personenbezogener Ansatz erfolgen. Dazu würde eine spezifische Gender-Kompetenz im Unternehmen benötigt. Kernstück des Ansatzes war daher eine Multiplikatoren- und Multiplikatorinnenfortbildung. Hauptteilnehmende waren die Fachlehrer und Fachlehrerinnen der Krankenkasse sowie Mitarbeiter/innen aus dem Personalbereich.

Nachdem die oberste Führungsebene das Einverständnis für das fach- und personenbezogene Konzept gegeben hatte, wurde ein Auftaktworkshop mit je zwei Mitarbeiterinnen und Mitarbeitern aus sieben Fachabteilungen zur Einführung der Strategie des Gender Mainstreaming durchgeführt. Ziel war – neben der Sensibilisierung für die Relevanz von Geschlechterfragen in der Organisation und der Arbeit der Krankenkasse – die Vermittlung der Prinzipien von Gender Mainstreaming sowie die Entwicklung von Ansatzpunkten und organisationsspezifischen Instrumenten zur fachbezogenen Umsetzung. Aus diesem Workshop heraus bildete sich eine Arbeitsgruppe, die sowohl an den Pilotprojekten als auch am Konzept eigenständig arbeitete. Ergebnis des internen Arbeitsprozesses war die Anfrage an die Unternehmensleitung nach einer internen Qualifizierungsmaßnahme mit dem Ziel, vertiefende organisationsspezifische Gender-Kompetenz aufzubauen. Darüber hinaus sollte eine kontinuierlich arbeitende Steuerungs- und Koordinationsgruppe fest installiert werden. Die Unternehmensleitung unterstützte eine modifizierte Form, sodass eine interne Qualifizierungsmaßnahme in vier Modulen entwickelt und durchgeführt werden konnte.

Inhalte der Bausteine waren: Reflexion von Geschlechterrollenstereotypen, „Doing gender" in der Organisation, Gender Mainstreaming auf den Ebenen Organisationsentwicklung, Personalentwicklung sowie in den Fachabteilungen (Mit welchen Vorstellungen über „Weiblichkeit" und „Männlichkeit" wird in der Organisation gearbeitet bzw. welche gelten in der Organisation?), Vorstellung des Instrumentes „Gender-Analyse von Organisationen", Stolpersteine und Widerstände bei der Umsetzung von Gender Mainstreaming und Gender-orientierte Anforderungsprofile für Führungskräfte in der Organisation. Methodisches Kernstück war die Arbeit anhand von Lernprojekten, in denen die Anwendung von Gender praktisch erprobt werden konnte: Wie kann Gender in die Konzeption von Führungskräfteschulungen eingebaut werden? Wie können Kommunikationskonzepte für Kundinnen und Kunden so verändert werden, dass sie sich stärker angesprochen fühlen, z.b. in der Präventionsarbeit? Die kollegiale Beratung der Lernprojekte unterstützte das gemeinsame Lernen. Ein Projektstrukturplan für die Lernprojekte wurde erarbeitet.

Methoden der gender-differenzierten Kommunikation in Seminaren und Fortbildungen wurden vorgestellt und erprobt, Rahmenbedingungen von Gender-Dialogen und das Instrument der gender-orientierten Projektplanung (GOPP) mit Bezug auf die Arbeit der Fachlehrer und Fachlehrerinnen und der Beteiligten aus der Personalarbeit eingesetzt.

Schwerpunkt der Qualifizierungsmaßnahme war darüber hinaus, eigenständig gender-orientierte Beratung in der Organisation durchführen zu können; dazu gehörte auch die Arbeit an schwierigen Fragen in der Gender-Beratung.

Erfolgsfaktoren dieses fachbezogenen Umsetzungsprozesses waren zum einen die starke Unterstützung des Konzeptes durch die oberste Führungsebene der Organisation, zum anderen die hohe Motivation der Teilnehmenden. Es gab eine große Bereitschaft, sich auf den Prozess des genderorientierten und projektbezogenen Lernens einzulassen. Die Teilnehmenden verfügten über eine hohe fachliche, soziale und Methodenkompetenz, die sie zunehmend mit geschlechterbezogenen Perspektiven verbinden konnten. Das Vorhandensein erster gender-differenzierter Daten in der Gesundheitsforschung sowie die Vorarbeiten einer internen Arbeitsgruppe zum Thema „Gender-differenzierte Ansätze zur Prävention und Rehabilitation im Kontext von Herz-Kreislauferkrankungen" konnten den Nutzen von Gender-Orientierung konkret belegen.

Zusammenfassung

Die BARMER unterstützt das Projekt „Aufbau interner fachlicher Gender-Kompetenz" in dem Bewusstsein, dass die Beachtung ausgewählter Ergebnisse der geschlechterdifferenzierten Gesundheitsforschung für das Unternehmen nützlich ist. Die Ergebnisse legen nahe, Gender-Perspektiven im Rahmen der Zielgruppenansprache zu nutzen, aber auch in den Angeboten der Krankenkassen. Entscheidend für das Gelingen des Projektes war die Unterstützung durch die Firmenleitung und das hohe Engagement der Teilnehmenden, die sich mit Spaß und fachlicher Kompetenz, manchmal skeptisch und kritisch, auf den gemeinsamen Prozess einließen. Es gelang ihnen, sich mit dem sperrigen Ansatz und seinen Begrifflichkeiten vertraut zu machen und die Analysekategorie Gender selbständig in ihre fachliche Arbeit einzubeziehen.

Entscheidend für das Gelingen war auch, keine Gesamtstrategie zu verfolgen, sondern durch die Teilkonzeption die eigenen Ansprüche zu reduzieren und das Tempo der Organisation mit einzubeziehen. Im Rahmen der Sicherung der Nachhaltigkeit wird das Unternehmen weiterhin den Schwerpunkt auf die Verbindung von Gender und Fachlichkeit legen.

3.2.4 PARITÄTISCHER Wohlfahrtsverband Bayern

Der PARITÄTISCHE Wohlfahrtsverband Bayern ist einer der sechs anerkannten Spitzenverbände der Freien Wohlfahrtspflege. Er ist Partner und Dachverband von über 700 selbständigen und selbstverantwortlichen Organisationen der freien Wohlfahrtspflege und ist parteipolitisch und konfessionell neutral.

Das Konzept „Gender-Kompetenz in der Führungskräftequalifizierung" des PARITÄTISCHEN zur beteiligungsorientierten Entwicklung und Durchführung einer gender-orientierten Führungskräfteschulung beruht auf folgenden Schritten:

1. Vorstandsbeschluss zur Beteiligung an einem EU-geförderten Projekt (Make Social Agencies Fit for Future, MAFF) mit Schwerpunkt auf Gender-Kompetenz für Führungskräfte
2. Strategieworkshop zur Konzeptentwicklung
3. Auftakt- und Informationsworkshop zu Gender Mainstreaming für Fach- und Führungskräfte
4. Durchführung einer Führungskräfteschulung „Gender-Kompetenz in der Qualifikation von Führungskräften" mit vier Modulen über zwei Jahre
5. Gemeinsame Erarbeitung von Eckpunkten einer gender-orientierten Personalentwicklung im Rahmen der Führungskräfteschulung
6. Beschluss zur Implementierung und Weiterentwicklung gender-orientierter Personalentwicklung im Verbandsrat
7. Evaluationsworkshop nach einem Jahr.

Das Beispiel des PARITÄTISCHEN weist einige organisationsspezifische Merkmale auf und zeigt, dass jede Organisation hinsichtlich der Anwendung von Gender Mainstreaming ihren eigenen Weg gehen muss.

Da die Integration von Gender-Perspektiven verschiedene Ebenen einer Organisationen berührt, sind entsprechend unterschiedliche Vorgehensweisen, Methoden und Instrumente einzusetzen bzw. den jeweiligen Bedingungen der Organisation anzupassen.

Die im Rahmen der Führungskräfteschulung erarbeiteten „Eckpunkte einer gender-orientierten Personalentwicklung im PARITÄTISCHEN Bayern" beziehen sich auf die Personalentwicklung und die fachliche Arbeit. Sie knüpfen an bereits vollzogene Schritte zur Organisationsentwicklung an (Satzung, Leitbild und das „Konzept zur Gleichstellung von Frauen und Männern im Paritätischen Bayern"). Dabei wurden folgende Vorgehensweisen und Instrumente gewählt:

Ebene	Vorgehensweise und Instrumente
Organisationsentwicklung	• Gender-Mainstreaming-Implementierung (hier wird auf das Vorverständnis im Verband zurückgegriffen)
Personalentwicklung	• Selbstverständnis zu Führung und Leitung durch die beteiligten Führungskräfte klären • Bedeutung gender-orientierten Führungsverhaltens herausstellen und fördern • Aufbau von Gender-Kompetenz unterstützen • Entwicklung eines Eckpunktepapiers zur gender-orientierten Personalentwicklung im PARITÄTISCHEN
Fachliche Arbeit	• Gender in die fachliche Arbeit integrieren • Gender-orientierte Projektarbeit einführen • Selbstverständnis zu Beratung klären, abstimmen • Gender-orientierte Fachberatung einführen • Entwicklung von spezifischen (Beratungs-) Leitfäden für den PARITÄTISCHEN • Gute Beispiele entwickeln

Der PARITÄTISCHE Wohlfahrtsverband Bayern übernahm die Trägerschaft für ein MAFF-Projekt im Rahmen des Leonardo-da-Vinci-Programms der Europäischen Union. Der PARITÄTISCHE und 14 weitere europäische Partner und Partnerinnen aus den Bereichen soziale Arbeit und Hochschulbildung erarbeiteten gemeinsam beispielhafte berufliche Fortbildungen und Weiterbildungsstrategien. Dabei sah der PARITÄTISCHE großen Handlungsbedarf bei der Entwicklung eines neuen Organisationsverständnisses und des damit veränderten Führungsverständnisses gerade in der sozialen Arbeit.

Vor diesem Hintergrund wurde im Rahmen des MAFF-Projektes eine Führungskräfteschulung unter besonderer Berücksichtigung von Gender Mainstreaming entwickelt. Die Schulung wird erprobt und soll anschließend an Multiplikatoren und Multiplikatorinnen weitergegeben werden. Mit diesem Projekt leistet der PARITÄTISCHE einen Beitrag zur Verbesserung der Qualifizierung in der sozialen Arbeit unter Berücksichtigung der Vorgaben und Rahmenbedingungen der Europäischen Union.

Zur Entwicklung einer gender-orientierten Führungskräfteschulung waren unter anderem folgende Arbeitsschritte notwendig:

1. Bildung einer Steuerungsgruppe bestehend aus einer Vertreterin des Vorstands, einem Vertreter der Bezirksverbände und der Referentin für Frauen bzw. Familie.

2. Durchführung eines Workshops „Was heißt Umsetzung von Gender im Rahmen des MAFF-Projektes für den PARITÄTISCHEN?" Ergebnis dieses Workshops war das Grobkonzept einer gender-orientierten Führungskräfteschulung für den PARITÄTISCHEN in vier Bausteinen und einem zweitägigen Informations- und Auftaktworkshop.

3. Der Informations- und Auftaktworkshop fand am 15./16.Juli 2003 nach einem Vorstandswechsel im PARITÄTISCHEN statt.

4. Zwischenbilanz nach der Durchführung der ersten beiden Bausteine im Juni 2004 durch die Steuerungsgruppe.

5. Durchführung der Bausteine 3 und 4.

6. Auswertung der Maßnahme im Mai 2005.

Die vier Module des Workshops hatten folgende Themen:
Baustein 1: Gender-orientiertes Führungsverhalten in der sozialen Arbeit;
Baustein 2: Organisationsentwicklung und Führung;
Baustein 3: Konfliktmanagement als Führungsaufgabe;
Baustein 4: Gender-orientiertes Personalentwicklungskonzept.

Ziel der Qualifizierungsmaßnahme war der Aufbau interner Gender-Kompetenz auf der Ebene der Führungskräfte. Das Trainingskonzept trug darüber hinaus dazu bei, durch die Integration von Gender-Perspektiven die Fachlichkeit der Beratung zu verbessern und damit die Bedarfsgerechtigkeit von Maßnahmen des PARITÄTISCHEN zu erhöhen.

Zunächst wurden die folgenden gender-orientierten Leitungs- und Führungsgrundsätze erarbeitet:

1. Alle Führungskräfte sind in besonderer Weise der Umsetzung des Leitbildes verpflichtet.
2. Mitarbeiterinnen und Mitarbeiter verbessern kontinuierlich Leistungen und Organisation des PARITÄTISCHEN. Sie praktizieren einen kooperativen, partizipativen und transparenten Führungsstil.
3. Führungskräfte sollen die Motivation der Mitarbeiterinnen und Mitarbeiter zu kontinuierlicher Überprüfung und Verbesserung ihrer Leistung fördern. Entsprechende Qualifizierungsmaßnahmen sind dazu die Voraussetzung.
4. Führen im PARITÄTISCHEN heißt, Visionen und Ziele zu entwickeln und dabei Leistungsziele, Ziele der Organisation, der Mitarbeiterinnen und Mitarbeiter sowie die Ziele der Kooperationspartner in Einklang zu bringen.
5. Strategische und operative Steuerung sowie die Organisationsentwicklung hat sich sowohl am gesellschaftlichen Bedarf und den speziellen Bedürfnissen von Männern, Frauen und Kindern als auch an betrieblichen Erfordernissen zu orientieren. Entsprechende Informations- und Kommunikationsinstrumente werden zwischen allen Schnittstellen installiert.
6. In der jeweiligen Funktionsebene werden zur Umsetzung strategischer Ziele operative Schritte entwickelt. Mit allen Mitarbeiterinnen und Mitarbeitern sollen Zielvereinbarungsgespräche geführt und deren Umsetzung überwacht werden. In diesem Rahmen ist eigenverantwortliches Handeln gefordert und ein hohes Maß an Gestaltungsfreiheit gegeben.
7. Führungskräfte im PARITÄTISCHEN streben ein hohes Maß an fachlicher und sozialer Kompetenz an unter dem Blickwinkel der Geschlechtergerechtigkeit.
8. Führungskräfte sollen ihren Mitarbeiterinnen und Mitarbeitern sowie den Adressaten ihrer Arbeit Wertschätzung, Vertrauen und Achtung entgegenbringen.
9. Im PARITÄTISCHEN gibt es festgelegte und für alle Mitarbeiterinnen und Mitarbeiter transparente Entscheidungs- und Beteiligungsstrukturen. Alle Beschäftigten werden in betriebliche Entscheidungsprozesse einbezogen.

In den Führungsleitlinien spiegelt sich das spezifische Führungsverständnis des PARITÄTISCHEN wider. Top-Down-Prinzipien werden mit einem partizipativen Ansatz verbunden. Für Führungskräfte bedeutet das, Verantwortung für die Steuerung aller Organisationsprozesse zu übernehmen und die Mitarbeiterinnen und Mitarbeiter bei deren Umsetzung zu unterstützen. Ziele und Kriterien werden gemeinsam ausgehandelt.

Neben den Führungsleitlinien sind als zentrale Ergebnisse zu nennen: gender-differenzierte Leitfäden zur Führung von Mitarbeiter/innen- und Mitarbeitergesprächen, Grundsätze zur gender-orientierten Konfliktbearbeitung, ein Leitfaden zur Beratung mit Gender-Kompetenz sowie die Durchführung gender-differenzierter Zielvereinbarungsgespräche.

Es war ein sehr ambitioniertes Programm, was in den vier Bausteinen der Führungskräfteschulung umgesetzt werden sollte. Das Eckpunktepapier wird sowohl den Beteiligten des EU-Projektes als auch den Mitgliedsorganisationen zur Verfügung gestellt. Eine weitere gender-orientierte Beratung bzw. ein Gender Coaching ist bei einer Umsetzung jedoch notwendig, um den vermutlich auch hier in der Praxis auftauchenden Transferproblemen angemessen begegnen zu können.

Zusammenfassung

Ansatzpunkt war die Entwicklung eines gender-orientierten Personalentwicklungskonzeptes im Rahmen des Leonardo-da-Vinci-Projektes. Da der PARITÄTISCHE bereits auf eine lange Tradition des gender-differenzierten Arbeitens in Form von Mädchen-, Frauen- und Männerarbeit zurückgreifen kann, lag es nahe, die EU-Aufforderung zur Gender-Orientierung aufzugreifen und mit diesem Pilotprojekt ein sehr ambitioniertes Vorhaben zu entwickeln. Ziel war es, zukunftsorientierte Konzepte der Qualifizierung der sozialen Arbeit zu entwickeln und damit die sozialen Verbände auf die Sozialpolitik des 21. Jahrhunderts vorzubereiten.

Der PARITÄTISCHE setzt in seinem Zukunftskonzept auf die Berücksichtigung der Kategorie Geschlecht. Für die Qualifizierung der Führungskräfte bedeutet dies, die Entwicklung von Gender-Kompetenz von vornherein mit der Qualifizierung der männlichen und weiblichen Führungskräfte zu verbinden.

Aufgrund der Komplexität der Führungsstrukturen im Verband mit seiner Landes- und Bezirksebene und den unterschiedlichen Ansatzpunkten von Führung in der sozialen Arbeit war die Gruppe der Teilnehmenden sehr heterogen. Auch hinsichtlich des Wissens über Geschlecht als Struktur- und Analysekategorie, hinsichtlich Führungsaufgaben und der Projektplanung und -umsetzung gab es unterschiedliche Kenntnisstände.

Diese Heterogenität sowie ein Führungswechsel im Vorstand während der Projektphase und die damit verbundene Anpassung der Schwerpunktsetzung in der Führungskräfteschulung stellten besondere Anforderungen an das Qualifizierungskonzept.

In der Praxis zeigte sich, dass es ein sehr anspruchsvolles Vorhaben ist, Gender von vornherein in die Planung sozialer Prozesse und Entscheidungen einzubeziehen. Die Ergebnisse des zweijährigen Projektes sind inzwischen in Form einer Broschüre veröffentlicht („Eckpunkte einer genderorientierten Personalentwicklung im PARITÄTISCHEN Bayern"). Die vorliegenden Eckpunkte wurden durch einen Verbandsratsbeschluss verabschiedet und weitere Umsetzungsschritte im PARITÄTISCHEN in Bayern in die Wege geleitet.

Anmerkungen und Kriterien zur Bewertung der Gender-Mainstreaming-Implementierungsstrategien von ver.di, Heinrich-Böll-Stiftung, BARMER und PARITÄTISCHER Wohlfahrtsverband[13]

1. Wichtig für die Implementierung von Gender Mainstreaming in einer Organisation ist die Frage, von wem die Initiative ausgeht. Sowohl in der Heinrich-Böll-Stiftung als auch bei ver.di und beim PARITÄTISCHEN zeigt sich eine lange Tradition der politischen Auseinandersetzung zu Frauen- und Geschlechterfragen; dies unterstützt die Implementierung von Geschlechterdemokratie als politischer Zielvorstellung.
2. Die Top-Down-Strategie ist eine notwendige Bedingung für die Einführung von Gender Mainstreamig. Promotoren und Promotorinnen an der Spitze einer Organisation sind unerlässlich. Dies zeigt insbesondere das Beispiel der BARMER.
3. Die Verankerung von geschlechterpolitischen Zielsetzungen und der Strategie des Gender Mainstreaming in Satzungen, Leitbildern u.ä. geschieht häufig recht schnell, ohne jedoch eine wirkliche Auseinandersetzung über diese geschlechterpolitischen Ziele geführt zu haben. Im Aufbau von Gender-Kompetenz durch Gender-Training sowie

---

[13] Die Anmerkungen und Kriterien gehen zurück auf einen Vortrag von Barbara Stiegler auf einem Fachgespräch in Soest, April 2005.

durch interne Multiplikatoren und Multiplikatorinnen muss es einen Bezugsrahmen zu den diskutierten und verabschiedeten Zielen der Organisation geben.

4. Die interne Steuerungs- oder Planungsgruppe, die den Prozess begleitet, muss angemessen angesiedelt sein und eine gute Verbindung zur obersten Leitungsebene haben. Dies zeigen alle vier Beispiele.

5. Häufig wird bei der Einführung in Gender Mainstreaming mit sogenannten Pilotprojekten gearbeitet. Diese müssen sehr gut ausgewählt sein und spezifische Arbeitssituationen des Unternehmens widerspiegeln. Besser wäre es, ein „normales" Projekt zu nehmen, mit dem im Unternehmen gerade begonnen wird. Dies ist häufig schwieriger und langwieriger, dafür aber nachhaltiger, da Gender in den laufenden Betrieb integriert wird.

6. Gender-Trainings und Gender-Schulungen sind unabdingbar. Dabei sollte darauf geachtet werden, dass diese nicht nur zur Einführung angeboten werden. Eine nachhaltige Umsetzung von Gender in den Fachaufgaben einer Organisation und auf der personalen Ebene kann nur erfolgen, wenn intern Gender-Kompetenz auf allen Ebenen aufgebaut wird. Die Nachhaltigkeit wird unterstützt, wenn die betrieblichen Fortbildner und Fortbildnerinnen Gender-Kompetenz erwerben und so Gender-Perspektiven in die allgemeinen Fortbildungen einfließen lassen. (...)

8. Geschlechtsbezogene Datenerhebungen, die ausschließlich zwischen Männern und Frauen differenzieren und keine weiteren Dimensionen wie z.B. Alter oder ethnische Herkunft berücksichtigen, sind nicht hinreichend für eine gender-bezogene Problemanalyse. (...)

10. Controlling erfolgt häufig über Berichte. Sowohl der PARITÄTISCHE als auch die BARMER haben für das Jahr nach Ablauf der ersten Phasen einen Auswertungsworkshop angesetzt. Die Heinrich-Böll-Stiftung und ver.di werten kontinuierlich auf unterschiedliche Weise aus, insbesondere durch regelmäßige Auswertungsworkshops oder durch externe Evaluation.

4 Gender-Training

4.1 Gender-Training – Ein Instrument zum Erwerb von Gender-Kompetenz

Gender-Trainings sind Fortbildungsveranstaltungen zum Erlernen verschiedener geschlechterpolitischer Strategien und Instrumente. Sie sollen Veränderungen der institutionellen und strukturellen Rahmenbedingungen von Organisationen unterstützen. In den Trainings wird die Anwendung diverser Gender-Analyse-Instrumente in die eigene fachliche Arbeit erprobt. Die Einbeziehung geschlechterbezogener Perspektiven wird praktisch angewendet, d.h. zur Lösung wirtschaftlicher, politischer und sozialer Frage- und Problemstellungen herangezogen. Ohne diese zusätzlichen Perspektiven bleiben wesentliche Aspekte unberücksichtigt und werden einzelne Geschlechtergruppen möglicherweise benachteiligt bzw. benachteiligende Strukturen gar nicht erst erkannt.

In den Trainings werden die Teilnehmenden für die vorherrschenden geschlechterpolitischen Machtverhältnisse und die sich daraus ergebenden unterschiedlichen Handlungsspielräume für Männer und Frauen sensibilisiert. Sie werden angeregt, Geschlecht als soziale Kategorie zu begreifen und die Auswirkungen gesellschaftlicher Geschlechterverhältnisse auf die individuelle Biographie zu erkennen. Damit tragen Gender-Trainings auch zur Sensibilisierung für die Vielfalt gesellschaftlicher und kultureller Geschlechterrollen und der Lebenswirklichkeiten von Frauen und Männern (Gender-Diversity) bei.

Gender-Trainings in Organisationen müssen in Konzepte der Implementierung geschlechterbezogener Gleichstellungsstrategien eingebettet werden, andernfalls laufen sie ins Leere. Sie richten sich gezielt zuerst an männliche und weibliche Führungskräfte, dann an Abteilungen, Teams und Arbeitsgruppen und schließlich an alle Mitarbeiter und Mitarbeiter/innen einer Organisation. Die Mitarbeitenden sollen in die Lage versetzt werden, selbständig oder im Team die im eigenen Arbeitsbereich auftretenden Fragestellungen gender-orientiert zu behandeln sowie Gender-Perspektiven eigenverantwortlich in die Planung und Durchführung von Maßnahmen zu integrieren.

Ein Gender-Training hat in der Regel drei Bausteine: Sensibilisierung, fachliche Einführung und einen handlungsorientierten Teil. Der Aufbau des Gender-Trainings orientiert sich dabei an den Zielen „Qualifizieren, Motivieren und Sensibilisieren".

Die Übungen der Sensibilisierungsphase im ersten Baustein sind an die jeweiligen situativen Hintergründe der Teilnehmenden angepasst. Die fachliche Einführung beschäftigt sich mit gesellschaftlichen und politischen Geschlechterverhältnissen, stellt die Strategie des Gender Mainstreaming vor und setzt diese ins Verhältnis zu anderen geschlechterpolitischen Strategien (wie beispielsweise Frauenpolitik) und in den organisationsspezifischen Zusammenhang. Darüber hinaus werden Instrumente der Gender-Analyse vorgestellt und den jeweiligen Rahmenbedingungen der Organisation zugeordnet. Im handlungsorientierten dritten Baustein geht es darum, die Instrumente der Gender-Analyse zu erproben und den Transfer in den eigenen Arbeitsbereich zu ermöglichen. Durch die Aufnahme von Gender als Analysekategorie wird die fachliche Qualität der Arbeit verbessert. Die Integration und Anwendung gender-bezogener Perspektiven in die eigenen Fachgebiete zu erlernen ist daher das zentrale Ziel der Gender-Trainings.

Als **Sensibilisierungsworkshops** schärfen Gender-Trainings die Wahrnehmung der

▶ Vielfalt von gesellschaftlichen und kulturellen Geschlechterrollen in einer „Kultur der Zweigeschlechtlichkeit" in Organisationen;

▶ Auswirkungen der gesellschaftlichen Geschlechterverhältnisse auf die individuelle, berufliche Biographie (und umgekehrt);

▶ Machtverhältnisse und der damit verbundenen unterschiedlichen Handlungsspielräume;

▶ Auswirkungen von Geschlechterverhältnissen im jeweiligen Arbeits- und Fachgebiet.

Als **fachbezogene Workshops** tragen Gender-Trainings zum Erwerb von Gender-Kompetenz bei, u.a.

▶ durch Unterstützung der eigenen Positionierung der Teilnehmenden bzw. der Standortbestimmung zu Gender Mainstreaming in der Organisation;

▶ durch das Kennenlernen des Instrumentariums von Gender Mainstreaming und der Gemeinschaftsaufgabe Geschlechterdemokratie;

▶ indem gender-differenzierte Aspekte im eigenen Fachgebiet erarbeitet werden;

▶ indem geeignete Planungs- und Abstimmungsverfahren für das eigene Arbeitsfeld entwickelt werden;

▶ indem Gender-Kriterien für die Arbeit im Fachgebiet erarbeitet werden;

▶ indem Gender-Checklisten und -Leitfäden erstellt werden,

▶ indem Gender-Kriterien für Prüfberichte, zum Controlling bzw. zur Selbstevaluation erarbeitet werden.

Gender-Trainings sollen dazu beitragen, die Diskrepanz zwischen Theorie und Praxis zu reduzieren. Gender-Trainings wirken auf folgenden Ebenen:

▶ der individuellen Ebene der eigenen Biographie, der eigenen Geschichte und des eigenen Standorts innerhalb einer Organisation;

▶ der strukturellen Ebene, d.h. dort wo die Strategie der Gemeinschaftsaufgabe und des Gender Mainstreaming in der Organisation ansetzt;

▶ der gesellschaftlichen bzw. politischen Ebene, d.h. sie dienen der Zielbestimmung von Geschlechterdemokratie bzw. Gleichberechtigung und Gleichstellungspolitik;

▶ der fachlichen Ebene, d.h. die Umsetzung und Anwendung der Strategien und Instrumente (Gender als Analysekategorie).

Methoden in Gender-Trainings der Heinrich-Böll-Stiftung

Wir arbeiten in unseren Gender-Trainings mit den klassischen Methoden der Erwachsenenbildung, unterlegt mit gender-differenzierten Zugängen und Fragestellungen (methodische Gender-Kompetenz). Die Arbeit im Gender-Team (Trainerin und Trainer), Perspektivenwechsel und Gender-

Dialog bilden dabei den Kern unserer Methoden. Übungen zur Reflexion von Geschlechterrollen führen wir je nach Aufgabenstellung in geschlechtshomogenen oder geschlechtsheterogenen Gruppen durch. Des weiteren arbeiten wir mit Vorträgen, Werkstattgesprächen und Arbeitsgruppen, in denen der Transfer in das eigene Arbeitsfeld erprobt werden soll. Die Arbeit mit Gender-Analysen und gender-orientierter Projektplanung rundet das Instrumentarium ab.

In der Sensibilisierungsphase bieten wir Übungen zur Reflexion eigener Rollenbilder und gesellschaftlicher Rollenzuschreibungen an. Veränderte gesellschaftliche, kulturelle und individuelle Werte und Sichtweisen werden reflektiert und in Zusammenhang gestellt mit der „Kultur der Zweigeschlechtlichkeit" von Strukturen und Organisationen.

Gender-Team

Das Arbeiten im Gender-Team ist grundlegender Bestandteil des Trainings und soll deutlich machen, dass Geschlechterfragen Männer und Frauen in Organisationen gleichermaßen angehen und alle Geschlechter zuständig sind. Trainings, die von Frauen- oder Männerteams durchgeführt werden, bergen die Gefahr, dass der Perspektivenwechsel nicht vermittelt wird. Durch Frauentrainingsteams wird zudem implizit die Vorstellung tradiert, dass sich ausschließlich Frauen mit Geschlechterfragen beschäftigen. Dies könnte die Delegation der Geschlechterthematik an Frauen als Frauenfragen befördern.

Gender-Teams sind sich bewusst, dass die Arbeit als gemischtgeschlechtliches Team auch dualistische Geschlechterzuschreibungen bestärken könnte. Daher gehört der spielerische Umgang mit Geschlechterrollenmustern zu den Kompetenzen von Gender-Teams. Gender-Teams haben den Vorteil, dass sich die Teilnehmenden auf den weiblichen und männlichen Teil des Teams beziehen können. Ebenso lässt sich die Ungleichzeitigkeit des Dialogs zwischen männlichen und weiblichen Teilnehmenden leichter bearbeiten. Männer haben häufiger mehr Berührungsängste mit der Gender-Thematik als Frauen. Vor dem Hintergrund der geschichtlichen Entwicklung der Frauenbewegung haben Frauen tendenziell eher einen Bezug zum Thema, aber generationenspezifische Unterschiede oder Unterschiede aufgrund von Ethnie und kultureller Herkunft können auch bei Frauen zu Distanz, Abwehr oder Berührungsängsten führen.

Gender-Trainings und Gender-Workshops bieten den Teilnehmenden die Möglichkeit, Erfahrungen aus Männer- und Frauenbewegungen zu diskutieren, gesellschaftstheoretische und -politische Konzepte mit frauenspezifischen und gender-differenzierten Ansätzen zu verbinden und so „Gender in den Mainstream" zu bringen.

Gender-Team

Eine Trainerin und ein Trainer arbeiten im Team zusammen, denn Gender-Fragen gehen sowohl Männer als auch Frauen an. Ein Gender-Team ermöglicht Männern und Frauen eine Auseinandersetzung mit Gender-Perspektiven und unterstützt den Dialog zwischen den Geschlechtern.

Perspektivenwechsel

Gender-Training unterstützt Perspektivenwechsel, d.h. es soll die Fähigkeit entwickelt werden, sich in die Standorte und Sichtweisen des jeweils anderen Geschlechts hineinzudenken. Voraussetzung hierfür ist die Vergewisserung des eigenen Standortes. Perspektivenwechsel tragen zu der Verständigung zwischen den Geschlechtern bei, sie dienen nicht der Anpassung an vorgegebene Vorstellungen. Durch die Arbeit in geschlechtshomogenen wie auch geschlechtsheterogenen Gruppen können sich Männer und Frauen in einer geschützten Atmosphäre über persönliche Erfahrungen mit Geschlechterfragen – sowohl privat als auch innerhalb der Organisation – austauschen.

Perspektivenwechsel

Perspektivenwechsel bedeutet: den Blick von der eher personenbezogenen Frauenförderung hin zum Verständnis von Geschlechterfragen als Strukturfragen zu lenken – unter Einbeziehung aller Geschlechter; Männer und Frauen (Führungskräfte und Mitarbeitende) gleichermaßen für die Gestaltung demokratischer Verhältnisse zwischen Männern und Frauen verantwortlich zu machen; die Erweiterung der sozialen Kompetenzen um personale und fachliche Gender-Kompetenz; die Erweiterung der Analyse von Organisationen um die Strukturkomponente Gender.

Gender-Dialog

Die Implementierung von Gender Mainstreaming und die Anwendung der geschlechterbezogenen Perspektive setzt Dialogfähigkeit der Geschlechter voraus und macht diese gleichzeitig zum Ziel. Das klingt paradox: einerseits soll durch die Auseinandersetzung mit Geschlechterfragen eine andere Form des Verständnisses entwickelt und Geschlechterdemokratie und gleiche Teilhabe von Frauen und Männern als Ziel erfasst werden. Andererseits soll und muss die Fähigkeit zur Auseinandersetzung über Geschlechterfragen – der Gender-Dialog – erst entwickelt werden. Gender-Trainings und Gender-Workshops sind Orte des Erprobens eines solchen Dialogs. Darüber hinaus werden dort Kriterien einer geschlechterdemokratischen Organisation entwickelt. Die Inhalte sind dabei abhängig von den Zielen der jeweiligen Organisation.

Voraussetzungen für Gender-Dialogfähigkeit sind zum einen die Bereitschaft zu einem solchen Dialog, Kommunikationsfähigkeit und Vertrauen; zum anderen die Gestaltung notwendiger Rahmenbedingungen, wie z.B. Regeln, externe Moderation, kontrollierter Dialog etc.

Gender-Dialog ist möglich, wenn gegenseitige Akzeptanz und Wertschätzung vorhanden sind. Es ist genau zu prüfen, auf welcher Ebene der Gender-Dialog stattfindet oder stattfinden soll. Unterschiedliche Ebenen erfordern unterschiedliche Rahmenbedingungen, damit ein konstruktiver, weiterführender Dialog möglich wird.

Wir unterscheiden den:

► Dialog auf der *individuellen Ebene*: Hier geht es um die Selbstwahrnehmung und die Kommunikation bzw. Interaktion zwischen und unter den Geschlechtern.

► Dialog auf der *institutionellen* Ebene: Hier geht es um die Förderung der Dialogfähigkeit im Unternehmen und um die internen Rahmenbedingungen einer Organisation: Wie ist die Kommunikation und Interaktion zwischen den Geschlechtern organisiert? Welche Rahmenbedingungen werden geschaffen, so dass Schritte auf dem Weg zu einer geschlechterdemokratischen Organisation gegangen werden können?

► Dialog im *direkten Arbeitsumfeld*: Hier geht es um die Kommunikation und Interaktion zwischen Kolleginnen und Kollegen im Team, im Training, im Gender-Workshop, in Arbeitsgruppen oder Projekten. Es geht um die gender-relevanten Faktoren der Interaktion und über fachliche Fragestellungen unter Gender-Perspektiven.

▶ *Politischer Dialog*: Hier geht es um die Bestimmung gesellschaftspolitischer Zielvorstellungen: Was ist Geschlechterdemokratie? Was heißt Geschlechterdemokratie in den spezifischen politischen Arbeitsfeldern? Wie können die gesellschaftspolitischen und politischen Rahmenbedingungen gestaltet werden, dass Geschlechterdemokratie möglicher wird?

▶ *Organisationspolitischer Dialog*: Hier geht es um die Festlegung der gleichstellungspolitischen Ziele einer Organisation und die Bestimmung des Handlungsansatzes. Setzt das Unternehmen seine Gender-Arbeit bei der Organisationsentwicklung an, auf der personalen oder auf der fachlichen Ebene? Wie soll der Verständigungsprozess geführt werden?

Gender-Dialog

Voraussetzungen des Gender-Dialogs sind Vertrauen, Dialogbereitschaft, Akzeptanz, Wertschätzung, die Gestaltung von Regeln und eine fachkundige Moderation.

4.2 Gender-Trainings und Gender-Workshops: Beispiele

Gender Mainstreaming ist eine Strategie und hat daher keine fertigen Umsetzungskonzepte. Die jeweiligen Ziele werden politisch oder über die Organisation bestimmt. Gender-Trainings vermitteln daher hauptsächlich neue Orientierungen und Ansätze; die Gestaltung erfolgt auf der politischen, der Organisations- und der personalen Ebene (durch die Führungskräfte) sowie der fachlichen Ebene (durch die Mitarbeitenden). Gender-Trainings und Gender-Workshops unterstützen den Prozess des aktiven Gestaltens innerhalb einer Organisation. Im folgenden werden die drei Phasen eines Gender-Trainings – Sensibilisierung, fachlicher Input und Handlungsorientierung – vorgestellt und anhand von Ablaufplänen veranschaulicht.

Sensibilisierungsphase

Ziel der Übungen ist es, Geschlechterrollen wahrzunehmen und zu reflektieren. Woran zum Beispiel liegt es, dass Geschlechterrollen in Organisationen weniger vielfältig ausgeprägt sind als im Alltag? Woran liegt es, dass wir vorwiegend den weißen Mittelstandsmann in Organisationen finden? Die weiße Mittelstandsfrau? Woran liegt es, dass Frauen eher als Mütter wahrgenommen werden, Männer eher ohne Familienverantwortung oder als „Ernährer"? Die Reihe dieser Fragen könnte fortgesetzt werden, zum Beispiel bezogen auf die Norm „Heterosexualität", auf Alter oder körperliche Leistungsfähigkeit etc. Hier sei noch einmal betont, dass wir uns auf die Kategorie Geschlecht als sozial und kulturell hergestelltes Konstrukt beziehen. Die Unterscheidung in *sex*, als biologisches Geschlecht, und *gender,* als sozial und kulturell geprägte Geschlechterkonstruktion, wird erläutert. Geschlechterfragen, „männliche" und „weibliche" Dimensionen bzw. Betrachtungsweisen verwenden wir in unserem Konzept immer als konstruierte und kulturelle Zuschreibungen („Doing gender").

Übungen, in denen sich Männer in weibliche und Frauen in männliche Geschlechterrollen (Perspektivenwechsel) versetzen, tragen dazu bei, die Zwänge des jeweils anderen Geschlechts – gerade in Organisationen – zu erleben. Die Übungen ermöglichen, mit eigenen Gender-Orientierungen, Geschlechterrollen und Geschlechterrollenbildern zu experimentieren.

Kulturelle und soziale Geschlechterrollen und Geschlechterrollenbilder haben sich in den letzten Jahren verändert und sind insbesondere für Frauen vielfältiger geworden. Diese Vielfalt von Geschlechterrollen ist bei Männern nicht im gleichen Maße vorhanden bzw. weniger sichtbar. Die Übungen der Sensibilisierungsphase vermitteln, wie Geschlechterrollen tagtäglich – auch in den beruflichen Zusammenhängen – hergestellt werden und dass sie von jedem Einzelnen und jeder Einzelnen zu gestalten sind („Doing gender"). Dabei differenzieren wir Geschlechterrollen in ihren jeweiligen Gender-Konstrukten zusätzlich nach Biographie, ethnischer Herkunft, Alter, sexueller Orientierung, körperlicher Befähigung etc. („Gender Diversity"). Diese Vielfalt ist ins Verhältnis zu setzen zur „Kultur der Zweigeschlechtlichkeit" von Organisationen. Denn die meisten Organisationen spiegeln aufgrund ihrer gewachsenen und oft männlich dominierten Strukturen diese Vielfalt von Geschlechterrollen nicht wider, sondern pressen Männer und Frauen in geschlechtshierarchische Strukturen. Organisationen haben den sozialen und kulturellen Wandel von Geschlechterrollen häufig nicht nachvollzogen. Vielmehr sind strukturelle Verfestigungen von (traditionellen) männlichen und weiblichen Rollenbildern in den Organisationen verhaftet.

Uns dienen Sensibilisierungsübungen vor allem als Einstieg, denn sie schaffen eine vertrauensvolle Atmosphäre und geben daher die Möglichkeit, Ängste und Vorbehalte gegenüber Gender-Themen abzubauen. Auf dieser Grundlage kann Gender als Analysekategorie vermittelt werden.

Eine vertrauensvolle Atmosphäre kann jedoch auch dazu beitragen, die Auseinandersetzung mit Gender-Fragen ausschließlich als Erfahrungsaustausch erleben zu wollen. Teilnehmende haben nach unserer Erfahrung einen großen Bedarf an Austausch untereinander – insbesondere Männer –, aber auch nach genderdialogischen Formen in den Trainings.

Wird während eines einführenden Gender-Trainings ein hoher Bedarf an gender-dialogischen Formen und an Erfahrungsaustausch unter Männern, unter Frauen oder zwischen Männern und Frauen deutlich, kann diesem Bedarf konzeptionell durch weitere Sensibilisierungstrainings entsprochen werden. Diese Trainings sollten aber von Gender-Trainings mit Schwerpunkt auf fachlicher Umsetzung unterschieden werden.

Die Folgeseiten zeigen Beispiele aus Sensibilisierungsübungen: Männlichen und weiblichen Figuren werden in geschlechtshomogenen Gruppen Eigenschaften zugeordnet und im Gespräch geschlechtsbezogene Zuschreibungen „dekonstruiert":

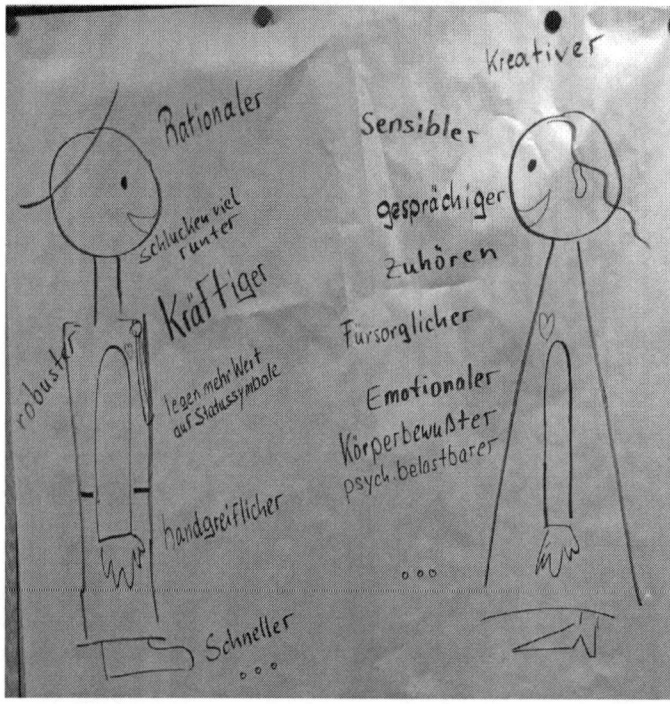

Fachlicher Input

Im zweiten Baustein des Gender-Trainings wird der Zusammenhang von Gender als Analysekategorie und dem Handlungsauftrag hergestellt. Auf der Grundlage des unten angeführten Schaubildes werden die Konzepte der unterschiedlichen geschlechterpolitischen Strategien dargestellt und vermittelt. Durch Übungen und die Arbeit in geschlechtshomogenen Gruppen sowie durch geschlechterdialogische Verfahren wird die konstruktive Auseinandersetzung mit Geschlechterfragen vertieft. Vorgestellt werden zum Beispiel die gender-orientierte Organisationsanalyse oder ein Fragebogen zur Implementierung der geschlechterpolitischen Strategie des Gender Mainstreaming.

Darüber hinaus werden die geschlechterpolitischen Strategien in das organisationsspezifische Konzept eingeordnet. Weitere Instrumente des Gender Mainstreaming, Analyseraster und Leitfäden bzw. Checklisten (z.B. die 3-R-Methode, die Gender-Budget-Analyse, das Gender Impact Assessment oder die gender-orientierte Projektplanung GOPP) werden vorgestellt. Mit diesem fachlichen Input werden „Tools" vermittelt, die als Analyse-, Planungs- und Abstimmungsverfahren für die Arbeit im eigenen Fachgebiet verwendet und weiterentwickelt werden können.

Handlungsorientierung

Nach der Vorstellung eines praxisbezogenen Beispiels durch das Gender-Team werden die einzelnen Gender-Analyse-Instrumente in der Regel in Arbeitsgruppen erprobt. Die Analyse-Instrumente werden vor dem Hintergrund der Praxisfelder der Teilnehmenden ausgesucht.

Dieser handlungsorientierte Teil nimmt in allen Trainings mindestens die Hälfte der verfügbaren Zeit in Anspruch. Die selbständige Arbeit in Gruppen, das kollegiale Know-how, die kollegiale Beratung und die Unterstützung durch das Gender-Team ermöglichen ein erstes wirkliches Verständnis für das, was Gender-Orientierung in der Facharbeit sein kann.

Beispiel: Leitfragen zur gender-orientierten Bearbeitung von Beschluss-vorlagen

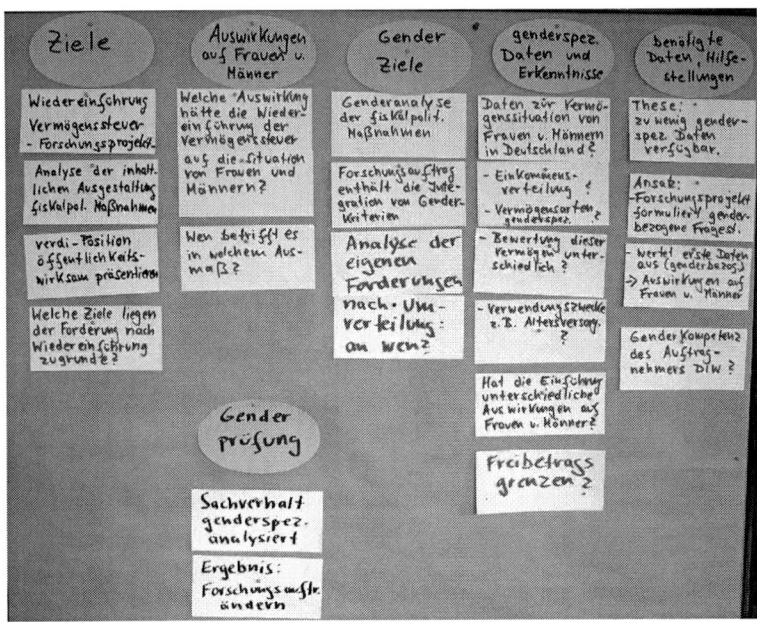

Beispiel: Gender im Rahmen von Führungsarbeit, eintägiges Gender-Training für Führungskräfte in einer kommunalen Verwaltung

8.30 – 8.45 Uhr	I. Ankommen, Einstieg, Vorstellungsrunde
8.45 – 9.00 Uhr	II. Einführung Warum sollen Gender-Trainings für Führungskräfte einer Kreis-verwaltung durchgeführt werden? Das Gender-Mainstreaming-Konzept der Kreisverwaltung
9.00 – 9.30 Uhr	III. Erwartungen klären, verbunden mit einer Übung zum Perspek-tivenwechsel Mit welchen Erwartungen, glauben Sie, kommen die Kollegen und Kolleginnen des jeweils anderen Geschlechts zu diesem Training?

9.30 – 9.45 Uhr	IV. Programmablauf vorstellen Sensibilisierungsübung Standortbestimmung Gender-Orientierung im Führungsverhalten Handlungsorientierung anhand praktischer Beispiele
9.45 – 11.00 Uhr	V. Sensibilisierungsübung: „Vielfalt von Geschlechterrollen in einer Kultur der Zweigeschlechtlichkeit von Organisationen" Auftrag: Stellen Sie ein optimales Führungsteam zusammen! (Bilderübung) Methode: Arbeit in geschlechtshomogenen Arbeitsgruppen Plenum: Auswertung, Zielrichtung: Gender-Kompetenz als Teil des Anforderungsprofils für Führungskräfte herausarbeiten
11.00–12.30 Uhr	VI. Standortbestimmung: „Von der Frauenförderung zum Gender Mainstreaming" Auftrag: Stellen Sie die für Sie fünf wichtigsten Fragen zu Gender Mainstreaming zusammen! Methode: Arbeit in geschlechtshomogenen Gruppen Plenum: Input zu den Fragen und Themen durch das Gender-Team
	Pause
13.30–16.00 Uhr	VII. Handlungsorientierung Input: Einführung in die Gender-orientierte Projektplanung Bearbeitung von Beispielen aus der Praxis der Teilnehmenden Auftrag: Entwickeln Sie Ansätze zur Gender-Orientierung mit Hilfe der gender-orientierten Projektplanung in den Bereichen: – Kommunikation und Zusammenarbeit von Männern und Frauen – Mitarbeiter/innen-Vorgesetztengespräche – Teamentwicklung – Beispiel Ihrer Wahl Methode: Arbeit in Arbeitsgruppen Auswertung: Kollegiale Beratung und Beratung durch das Gender-Team
16.00–16.30 Uhr	VIII. Rückblick, offene Fragen und Vereinbarungen

Die folgenden Bilder sind die Ergebnisse einer Sensibilisierungsübung (Bilderübung). Die Aufgabe bestand darin, in geschlechtshomogenen Arbeitsgruppen ein optimales Führungskräfteteam bildnerisch darzustellen. Welches Bild wurde von einer männlichen, welches von einer weiblichen Gruppe erstellt?

Ergebnis einer Übung zur Handlungsorientierung im Rahmen des Projektes „Handreichung für Mitgliedsorganisationen im Bereich Bürgerliches Engagement" war z.B. die folgende Collage:

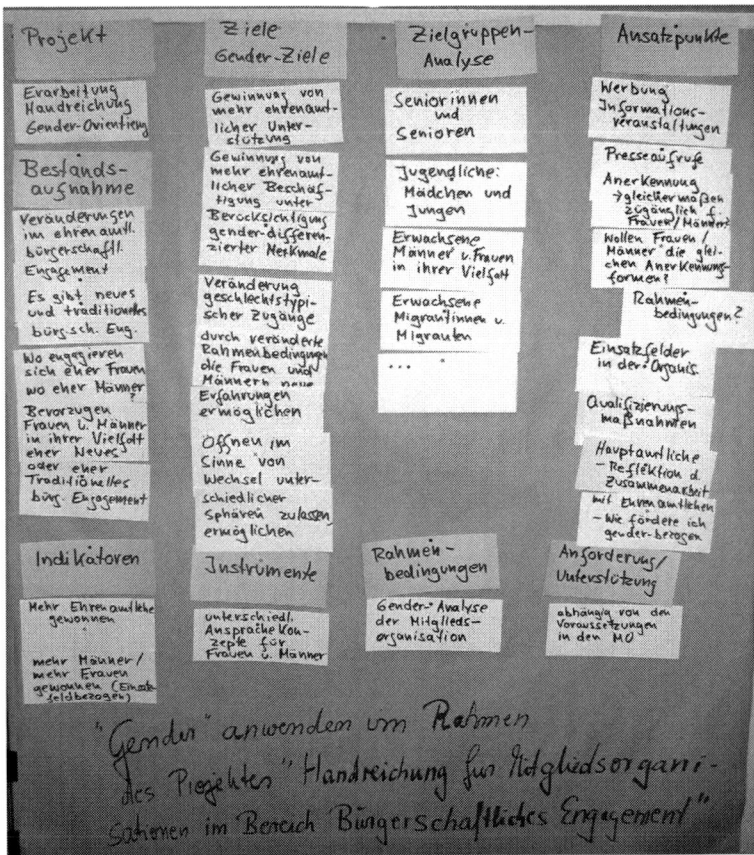

Beispiel: Gender-Kompetenz – notwendige Führungskompetenz in modernen Unternehmen (Gesundheitsbereich), dreistündige Informationsveranstaltung

Zielgruppe:	Führungskräfte
Ziele:	Bedeutung und Nutzen von Gender-Orientierung in Unternehmen aufzeigen: Was hat das Unternehmen davon, Gender in den Blick zu nehmen? Was haben die einzelnen Abteilungen davon, Gender als Analysekategorie anzuwenden? Welche Bedeutung hat Gender-Kompetenz für Führungskräfte in modernen Unternehmen?
Ablauf:	I. Ankommen und Einstieg – Vorstellungsrunde – Einstieg mit Bildern: Unterschiedliche Zugänge und Ergebnisse von geschlechtshomogenen Arbeitsgruppen a) Ein Flyer zum Thema „Drogen" (Quelle: Gesundheitsbehörde Hamburg), der von Jugendlichen in geschlechtshomogen Arbeitsgruppen gestaltet wurde. Sowohl bildnerische als auch inhaltliche Schwerpunktlegung unterscheiden sich. Welcher Flyer wurde von Jungen, welcher von Mädchen gestaltet?

b) Zusammenstellung eines „idealen" Führungskräfte-Teams

II. Programm: Gender als Analysekategorie und Handlungsaufforderung, Input zu
a) Geschlechterfragen in Organisationen: Geschlechterfragen als
   Teil von Personal- und Organisationsentwicklung
b) Exkurs: Gender Mainstreaming und Frauenförderung
c) Gender-Kompetenz von Führungskräften – was heißt das?
d) Nutzen – Ziele – Implementierung
e) Ausblick: Gender-Orientierung in der Gesundheitspolitik
f) Instrumente der Gender-Analyse
g) Anwendung von Gender-Analysen in der Personalarbeit und der
   Personalentwicklung

III. Grundlagen

IV. Abschlussrunde und Auswertung. Wie geht es weiter?

Teil II

Übungen und Methoden für die Trainings- und Beratungspraxis

1 Gender Mainstreaming implementieren

In diesem Teil stellen wir eine Auswahl von Übungen und Methoden vor, mit denen wir in den letzten Jahren gute Erfahrungen gesammelt haben. Nicht alle Übungen sind von uns entwickelt worden. Wir haben uns für unsere Praxis aus unterschiedlichsten pädagogischen Kontexten Anregungen geholt, Ideen aufgegriffen, verändert und in unserem Sinne weiterentwickelt. Es war uns leider nicht immer möglich, die Quellen aller Übungen herauszufinden. Allen genannten und nicht genannten Autor/innen, Informant/innen und Ideengeber/innen sei an dieser Stelle recht herzlich gedankt.

Wir haben die Übungen so aufbereitet, dass es für erfahrene Trainerinnen und Trainer leicht sein dürfte, diese in den eigenen Arbeitsbereich zu übertragen und so zu nutzen. Wir möchten davor warnen, Übungen ohne eigene gender-kompetente pädagogische Praxis einfach auszuprobieren. Gender-kompetente Bildung in Workshops und Trainings ist darauf ausgerichtet, unsere „Kultur der Zweigeschlechtlichkeit", dichotomische Sichtweisen und Zuschreibungen zu überwinden und geschlechterpolitische Spielräume zu eröffnen. Dadurch, dass wir in unserer Bildungs- und Beratungsarbeit Geschlechterunterschiede benennen, bewusst machen und auf deren soziale Konstruktion hinweisen, laufen wir aber trotzdem Gefahr, Unterschiede zu reproduzieren und zu verfestigen, anstatt Vorstellungen darüber, wie Frauen und Männer sind, und stereotype Zuschreibungen zu lockern. Daher muss das Gender-Team bei den Übungen gerade in den Auswertungsrunden darauf achten, dass erkannte oder konstruierte Geschlechterunterschiede nicht in biologistischer Weise interpretiert und verfestigt, sondern in den Kontext von sozialer Konstruktion gestellt werden. Die Relativität und Kontextualität von Gender muss immer im Blick bleiben.[14] Dies stellt hohe Anforderungen an Trainerinnen und Trainer, was leicht zur Überforderung werden kann. Wir nehmen uns da nicht aus und sehen uns immer auch als Lernende.

Die Übungen haben wir zwei Kategorien zugeordnet: „Gender Mainstreaming implementieren" und „Für Gender sensibilisieren". Die Zuordnung ist nicht immer ganz trennscharf, da zum Beispiel Übungen, die die Implementierung von Gender Mainstreaming auf der Personalebene betreffen, immer auch für die Kategorie Geschlecht sensibilisieren. Es bleibt der Kreativität der Leserinnen und Leser überlassen, die für ihren jeweiligen Kontext passende Übung auszusuchen, anzupassen und auszuprobieren. Wir wünschen dabei viel Spaß und Erfolg! Rückmeldungen nehmen wir gerne entgegen und werden sie für unsere Praxis und gegebenenfalls bei einer neuen Auflage gerne berücksichtigen.

1.1 Organisationsebene

1. *Projektumfeldanalyse*[15]

Zielgruppe: Gender-Mainstreaming-Lenkungs- oder Steuerungsgruppen, Projektleitungen

Ziele: Für den Implementierungsprozess relevante Umfelder sowie Akteurinnen und Akteure in den Blick nehmen und (strategische) Ansatzpunkte identifizieren

Methoden: Arbeit im Plenum

---

[14] Vgl. Frey 2004; Kaschuba 2004a, Pat-Ex Autorenkollektiv 2004.
[15] Wir danken Carolin Gebel, die uns mit dem Instrument der Projektumfeldanalyse von F. Boos vertraut gemacht hat.

Vorgehen: Die Projektbezeichnung – z.B. Einführung von Gender Mainstreaming in die Organisation XY – wird in die Mitte einer großen Pinnwand geheftet oder geschrieben. Relevante Umfelder sowie Akteurinnen und Akteure innerhalb der Organisation werden nacheinander um diese Mitte gruppiert. Dabei wird der Grad des Einflusses durch zwei unterschiedliche Kreisgrößen (runde Karten) und die Nähe zum Projekt durch Nähe bzw. Ferne zur Mitte (Projektbezeichnung) visualisiert. Weitere Einschätzungen (siehe Fragen) werden auf einem Flipchart notiert. Die Gesamtbetrachtung ergibt Aufschluss über mögliche (strategische) Ansatzpunkte zur Realisierung des Projektes.

Fragen: 1. Wer beeinflusst die Einführung von Gender Mainstreaming durch die Steuerungsgruppe? Wie stark ist dieser Einfluss? (visualisiert durch große oder kleine Karten)

2. Wie groß ist die Nähe bzw. Distanz zum Projekt und zur Arbeit der Steuerungsgruppe? (visualisiert durch Entfernung vom Mittelpunkt)

3. Welche Erwartungen an die Arbeit der Steuerungsgruppe lassen sich aus den verschiedenen Blickwinkeln der relevanten Umwelten bzw. Akteur/innen ableiten? (auf Flipchart notieren)

4. Welche Widersprüche und Konfliktpotentiale sind daraus abzuleiten? (auf Flipchart notieren)

5. Wo vermuten Sie Widerstand, wo Unterstützung? (visualisiert durch roten bzw. grünen Klebepunkt)

Auswertung: Gesamtergebnis betrachten und folgende Fragestellungen diskutieren: Welche strategischen Konsequenzen ziehen Sie daraus? Welche Auswirkungen ergeben sich auf das Selbstverständnis der Steuerungsgruppe?

Dauer: 60-90 Minuten

Materialien: Pinnwand, kreisförmige Metaplankarten in zwei Größen, rote und grüne Klebepunkte, dicker Stift

2. Gender-orientierte Organisationspolitik I[16]

Zielgruppe(n):	Verantwortliche, Führungskräfte, Gender-Mainstreaming-Lenkungsgruppen
Ziel:	Gemeinsames Grundverständnis über Ziele, Inhalte und Struktur des Prozesses zur Implementierung von Gender Mainstreaming in der Organisation herstellen
Methoden:	Einzelarbeit oder Arbeit im Zweierteam (wenn möglich Mann/Frau-Teams) Variante: Arbeit in geschlechtshomogenen Kleingruppen
Arbeitsauftrag:	Bearbeiten Sie folgende Fragestellungen:

a) Wie definieren Sie Gender Mainstreaming in Ihrer Organisation?
b) Welche Ziele verbinden Sie mit der Einführung in Ihrer Organisation?
c) Wer ist für die Einführung verantwortlich?
d) Welche Nachteile könnten sich durch einen genderorientierten Ansatz in Ihrer Organisation ergeben?
e) Welchen Nutzen erwarten Sie sich von der Einführung?
f) Wie wirkt sich Ihrer Meinung nach der Ansatz auf Ihre Organisation aus?
g) Woran würden Sie den Erfolg messen?

Dokumentieren Sie Ihre Arbeitsergebnisse auf einem Flipchartpapier!

Auswertung:	Präsentation der Arbeitsergebnisse im Plenum Gemeinsamkeiten und Unterschiede herausarbeiten

---

[16] Diese und die folgenden beiden Übungen setzen sich gender-orientiert mit Organisationspolitik auseinander. Sie bauen nicht aufeinander auf und werden je nach Organisation und Zielgruppe eingesetzt.

Offene Fragen zum GeM-Konzept der Organisation klären

Vereinbarungen zu nächsten Schritten treffen

Dauer: 20-30 Minuten Einzelarbeit, 30-60 Minuten Gespräch

Materialien: Arbeitsauftrag auf Flipchart oder als Handout

Anmerkungen: Wenn das Gender-Mainstreaming-Konzept der Organisation im Vorfeld nicht ausreichend kommuniziert wurde, können unterschiedlich stark ausgeprägte Informationsdefizite die Verständigung auf gemeinsame Ziele und Vorgehensweisen erschweren (Zeitfaktor)

3. Gender-orientierte Organisationspolitik II

Zielgruppe(n):	Führungskräfte, Gender-Mainstreaming-Lenkungs- bzw. Steuerungsgruppen
Ziel:	Ansatzpunkte und Zielperspektiven für die Implementierung von Gender Mainstreaming in der Organisation herausarbeiten
Methoden:	Arbeit in moderierten geschlechtshomogenen Gruppen Grundlage: Gender-Analyse von Organisationen
Arbeitsauftrag:	1. Tragen Sie in Ihrer Gruppe die aus Ihrer Sicht wichtigsten geschlechterbezogenen Kritikpunkte an Ihrer Organisation zusammen! 2. Wie stellen Sie sich Ihre Organisation im Jahre 2010 als geschlechterdemokratisch veränderte Organisation vor?

Auswertung:

Beide Gruppen stellen im Plenum ihre Ergebnisse vor:
– Was unterscheidet die beiden Analysen?
– Was unterscheidet die Phantasien?

Gemeinsam Schlussfolgerungen ziehen:

– Was soll nun real passieren?
– Wie soll dies geschehen? Welche Ansatzpunkte sehen Sie?
– Was wollen Sie konkret tun, als Einzelne/r, als Team?
– Wie wollen Sie es tun?
– Welche Unterstützung brauchen Sie von wem?
– Wann können Sie konkret anfangen?
– Der erste Schritt ist ...

Dauer:	30 Minuten Arbeitsgruppen, 45-60 Minuten Auswertung
Materialien:	Flipcharts/Pinnwände für die Arbeitsgruppen, zwei Räume

Anmerkungen: Grundlage für die Gruppenarbeit ist die vorausgegangene Arbeit mit der Gender-Analyse von Organisationen. (siehe GOPP, Seite 55). Ohne diesen Vorlauf fehlt den Teilnehmenden möglicherweise die Phantasie im Hinblick auf geschlechterbezogene Kritikpunkte.

Es ist wichtig, in der Moderation darauf zu achten, dass Unterschiede in der Herangehensweise oder in den Ergebnissen der geschlechtshomogenen Gruppen nicht einseitig positiv oder negativ bewertet und damit Geschlechterzuschreibungen und Stereotype möglicherweise wieder verfestigt werden. Hier ist der Bezug zu „doing gender" herzustellen, auf Gleichwertigkeit unterschiedlicher Zugänge zu orientieren und kontextbezogen zu beurteilen, welche Vorgehensweise (gegebenenfalls eine kombinierte) angemessen ist.

4. Gender-orientierte Organisationspolitik III

Zielgruppe(n):	Gender-Mainstreaming-Lenkungs- bzw. Steuerungs-gruppen, Führungskräfte
Ziel:	Ansatzpunkte und Zielperspektiven für die Implementierung von Gender Mainstreaming in der Organisation herausarbeiten
Methoden:	Arbeit in zwei geschlechtshomogenen Gruppen, Perspektivenwechsel
Arbeitsauftrag:	Die beiden geschlechtshomogenen Gruppen verkörpern jeweils eine Unternehmensberatungsgesellschaft. Für die Organisation (aus der die Teilnehmenden kommen) soll eine Grobkonzeption zur Einführung von Gender Mainstreaming entwickelt werden. Als Leitfaden dienen dazu die folgenden Fragen: 1. Welche Ziele verbindet die Organisation mit der Einführung von Gender Mainstreaming? 2. Welche Rahmenbedingungen finden Sie in der Organisation vor? 3. Welche Ansatzpunkte zur Einführung von Gender Mainstreaming sehen Sie? 4. Welche praktischen Umsetzungsschritte sind zu bedenken? 5. Welche Rahmenbedingungen sind förderlich? Welche hindern eher?
Auswertung:	Beide Gruppen stellen im Plenum ihre Ergebnisse vor Gemeinsamkeiten und Unterschiede in Herangehensweise und Ergebnis werden herausgearbeitet Beurteilen Sie jetzt aus der Sicht der Organisation, welches Konzept das geeignete ist! Können die beiden Konzepte miteinander verbunden werden?
Dauer	45-60 Minuten Arbeitsgruppen, 30-45 Minuten Plenum

Materialien:	Arbeitsauftrag als Handout, Flipchart bzw. Wandzeitung, zwei Räume für Arbeitsgruppen
Anmerkungen:	Es ist notwendig, vorab Kriterien zur Beurteilung von Gender-Mainstreaming-Konzepten zu erarbeiten bzw. zu verabreden! Es ist wichtig, in der Moderation darauf zu achten, dass Unterschiede in der Herangehensweise oder in den Ergebnissen der geschlechtshomogenen Gruppen nicht einseitig positiv oder negativ bewertet und damit Geschlechterzuschreibungen und Stereotype möglicherweise wieder verfestigt werden. Hier ist der Bezug zu „doing gender" herzustellen, auf Gleichwertigkeit unterschiedlicher Zugänge zu achten und kontextbezogen zu beurteilen, welche Vorgehensweise (gegebenenfalls eine kombinierte) angemessen ist.

5. Stolpersteine

Zielgruppe(n):	Gender-Mainstreaming-Lenkungs- bzw. Steuerungsgruppe, Projektgruppen, Teams
Ziel:	Stolpersteine auf dem Weg zur Implementierung von Gender Mainstreaming herausarbeiten und Ansatzpunkte zur Überwindung finden
Methoden:	Arbeit im Plenum
Vorgehen:	Folgende Fragen werden nacheinander abgearbeitet. Die Ergebnisse werden in das Raster auf der Pinnwand eingetragen: 1. Was sind nach Ihren persönlichen Erfahrungen die größten Stolpersteine in der Umsetzung von Gender Mainstreaming? 2. Was ist aus Ihrer Sicht die größte Herausforderung durch Gender Mainstreaming? 3. Was muss unbedingt getan werden, um sich dieser Herausforderung zu stellen?
Auswertung:	Gemeinsame Auswertung der Pinnwand-Ergebnisse

Stolpersteine	Herausforderungen	Anforderungen
Anforderungen an Steuerungs-Gruppe	persönliche Ebene	Organisation

Dauer:	Abhängig von Größe und Erfahrungen der Gruppe
Materialien:	Vorbereitete Pinnwand mit Wandzeitungspapier bespannt, dicker Stift
Anmerkungen:	Da die Übung der Bestandsaufnahme dient, sollte hier genug Zeit eingeplant werden!

6. Gender Mainstreaming in einer Kommunalverwaltung

Zielgruppe(n):   Politikerinnen und Politiker, Führungskräfte auf kommunaler Ebene

Ziel: Die Teilnehmenden machen sich mit Vorgehensweisen zur Implementierung von Gender Mainstreaming vertraut und entwickeln Ideen für die Umsetzung in der eigenen Kommune

Methoden: Arbeit in geschlechtshomogenen Arbeitsgruppen

Arbeitsauftrag: Diskutieren Sie in Ihrer Arbeitsgruppe das „Arbeitspapier: Implementierung von Gender Mainstreaming in einer Verwaltung" und leiten Sie daraus Fragen und Problemstellungen für die Implementierung von Gender Mainstreaming in Ihrer eigenen Verwaltung ab. Halten Sie Ihre Diskussionsergebnisse auf dem Flipchart fest!

Auswertung: Werkstattgespräch (mit Input) im Plenum über die wichtigsten Fragen, die in den beiden Arbeitsgruppen herausgearbeitet wurden
Gemeinsamkeiten und Unterschiede in der Herangehensweise und den Ergebnissen der beiden Arbeitsgruppen herausarbeiten
Schlussfolgerungen für den weiteren Prozess ziehen

Dauer: 45-60 Minuten Arbeitsgruppen, 45 Minuten Plenum

Materialien: Arbeitsauftrag als Handout, Flipchart, Stifte, zwei Arbeitsräume

Anmerkungen: Voraussetzung für diese Übung ist eine vorangegangene allgemeine Einführung und Standortbestimmung zu Gender Mainstreaming (gleicher Informations- und Wissensstand!)

Es ist wichtig, in der Moderation darauf zu achten, dass Unterschiede in der Herangehensweise oder in den Ergebnissen der geschlechtshomogenen Gruppen nicht einseitig positiv oder negativ bewertet und damit Geschlechterzuschreibungen und Stereotype möglicherweise wieder verfestigt werden. Hier ist der Bezug zu „doing gender" herzustellen, auf Gleichwertigkeit unterschiedlicher Zugänge zu achten und kontextbezogen zu beurteilen, welche Vorgehensweise (gegebenenfalls eine kombinierte) angemessen ist.

Arbeitspapier: Implementierung von Gender Mainstreaming in einer Verwaltung

► Die politische Führungsebene einer Kommune beschließt die Einführung und Umsetzung von Gender Mainstreaming auf kommunaler Ebene.

► Es ist ein politischer Beschluss. Das Ziel Geschlechterdemokratie (oder Chancengleichheit von Frauen und Männern) und die Strategie Gender Mainstreaming werden in das Leitbild der Kommune aufgenommen.

► Gender Mainstreaming ist eine Top-Down-Strategie, d.h. die Anwendung und Umsetzung dieser Strategie obliegt den Führungskräften der Verwaltung.

► Gender Mainstreaming ist Führungsaufgabe und kann nicht an die Gleichstellungsbeauftragte der Kommune delegiert werden.

► Eine verantwortliche Steuerungs-/Lenkungsgruppe ist zur Umsetzung notwendig. Diese verfügt über ausreichende finanzielle und personelle Ressourcen.

► Führungskräfte erhalten die Möglichkeit, Gender-Kompetenz zu erwerben.

► Mitarbeitende erhalten die Möglichkeit, Gender-Kompetenz zu erwerben, und werden bei der Umsetzung durch die Führungskräfte unterstützt.

► Der Transfer in die praktische Alltagsarbeit wird durch Gender Coaching und gender-orientierte Projektberatung unterstützt.

► Projekte werden in der Verwaltung gender-differenziert entwickelt, erprobt und ausgewertet.

► Regelmäßig werden Berichte erstellt und veröffentlicht.

7. Vision „Gender Mainstreaming"

Zielgruppe(n):   Vorstände, Führungskräfte, Projektgruppen, Teams

Ziel: Ziele für die Implementierung von Gender Mainstreaming in der Organisation formulieren, mögliche Ansatzpunkte identifizieren und auf konkretere Maßnahmenplanung vorbereiten

Methoden: Arbeit in mehreren geschlechtshomogenen Gruppen, Visionsarbeit

Arbeitsauftrag: Stellen Sie sich vor, Sie sind im Jahre 2008! Wo stehen Sie bezogen auf die Anwendung des Gender-Mainstreaming-Prinzips mit Ihrer Projektgruppe (Ihrer Abteilung, Ihrem Vorstand, Ihrem Team)? Wie verknüpfen sich die Kernaufgaben mit Geschlechterfragen? Was haben Sie gemacht, um dorthin zu kommen? Was haben Sie erreicht?

Variante I: Stellen Sie sich vor, Sie hätten uneingeschränkte Handlungsbefugnis in Ihrer Organisation. An welcher Stelle würden Sie mit welchen Maßnahmen zur Umsetzung und Anwendung des Gender-Mainstreaming-Prinzips ansetzen?

Variante II: Stellen Sie sich vor, in Ihrer Organisation wäre in drei Jahren Geschlechtergerechtigkeit und Geschlechterdemokratie verwirklicht. Wie sähe das aus? Was hätte sich in der Organisation verändert?
Die Art der Präsentation der Arbeitsgruppenergebnisse im Plenum ist offen:
– Stellen Sie eine Szene!
– Schreiben Sie einen Zeitungsartikel!
– Schreiben Sie eine Reportage etc.!

Auswertung: Die Gruppen präsentieren im Plenum ihre Ergebnisse.

Gemeinsamkeiten und Unterschiede in Herangehensweise und Ergebnissen werden herausgearbeitet. Es wird überlegt, wie sich die Visionen verbinden lassen.

Dauer: 45-60 Minuten Arbeitsgruppen, 45-60 Minuten Plenum

Materialien: Arbeitsauftrag, Flipchart, Stifte, zwei Arbeitsräume

Anmerkungen: Diese Übung sollte nur eingesetzt werden, wenn für das Training bzw. die Implementierungsberatung mindestens anderthalb Tage zur Verfügung stehen.

Es ist wichtig, in der Moderation darauf zu achten, dass Unterschiede in der Herangehensweise oder in den Ergebnissen der geschlechtshomogenen Gruppen nicht einseitig positiv oder negativ bewertet und damit Geschlechterzuschreibungen und Stereotype wieder verfestigt werden. Hier ist der Bezug zu „doing gender" herzustellen, auf Gleichwertigkeit unterschiedlicher Zugänge zu achten und kontextbezogen zu beurteilen, welche Vorgehensweise angemessen ist.

8. Gender-Analyse von Organisationen

Zielgruppe(n):	Führungskräfte, Steuerungs- bzw. Lenkungsgruppen, Projektgruppen, Teams, alle Beschäftigtengruppen einer Organisation
Ziel:	Kennenlernen des Analyseinstruments Erste Schritte in der Anwendung des Instruments
Methoden:	Arbeit in geschlechtsheterogenen oder -homogenen Gruppen (abhängig von der verfügbaren Zeit und der Zusammensetzung der Teilnehmenden)
Auftrag:	Unter Gender-Analyse verstehen wir die Betrachtung der eigenen Organisation unter gender-bezogenem Blickwinkel (z.b. hinsichtlich „weiblicher" und „männlicher" Strukturen oder Kulturen). Dieser Perspektivenwechsel ermöglicht einen neuen Blick auf die eigene Organisation und dort wirksame Geschlechterverhältnisse. Bearbeiten Sie in den Arbeitsgruppen z.B. die Leitfragen zu den folgenden Schwerpunkten: Institutionelle Geschichte, Organisationskultur, fachliche Arbeit. Halten Sie Ihre Ergebnisse auf einem Flipchart oder einer Wandzeitung fest!
Auswertung:	Präsentation der Arbeitsergebnisse Gemeinsamkeiten und Unterschiede (gegebenenfalls geschlechterbezogen) herausarbeiten Weiterführende Fragen bearbeiten: In welche Richtung wünschen Sie sich eine Veränderung Ihrer Organisation? Welches wären Kennzeichen einer geschlechterdemokratisch entwickelten Organisation?
Dauer: Materialien:	60 Minuten Arbeitsgruppen, 60 Minuten Plenum Arbeitsauftrag, Leitfragen zur Gender-Analyse von Organisationen (siehe Seite 27 ff.), Flipchart oder Wandzeitungspapier, Stifte

Anmerkungen: Für diese Übung und die Auswertung ist ausreichend Zeit einzuplanen. In den Arbeitsgruppen besteht die Tendenz, sich bei einem Thema festzubeißen und/oder den gender-bezogenen Blickwinkel zu verlieren. Wenn in geschlechtshomogenen Gruppen gearbeitet wird, ist es wichtig, in der Moderation darauf zu achten, dass Unterschiede in der Herangehensweise oder in den Ergebnissen der geschlechtshomogenen Gruppen nicht einseitig positiv oder negativ bewertet und damit Geschlechterzuschreibungen und Stereotype wieder verfestigt werden. Hier ist der Bezug zu „doing gender" herzustellen und auf Gleichwertigkeit unterschiedlicher Zugänge und Sichtweisen zu achten.

9. Die wichtigsten fünf Fragen

Zielgruppe(n):	Alle Beschäftigtengruppen einer Organisation
Ziel:	Standortbestimmung; gleichen Informationsstand zu Gender-Orientierung bzw. Gender Mainstreaming in der Organisation herstellen Grundlage für die weitere Arbeit am Thema „Gender in Organisationen" schaffen
Methoden:	Flüstergruppen (3-4 Personen) Variante: geschlechtshomogene Flüstergruppen
Arbeitsauftrag:	Stellen Sie Ihre fünf wichtigsten Fragen zum Thema „Gender-Orientierung (oder Gender Mainstreaming) in Ihrer Organisation" auf einem Flipchartpapier zusammen!
Auswertung:	Fragen der Flüstergruppen vorstellen lassen, vergleichen, gegebenenfalls zusammenfassen und priorisieren Fachlicher Input durch das Trainingsteam entlang der Prioritätenliste Bei der Variante: Unterschiede zwischen den Fragen der geschlechtshomogenen Flüstergruppen betrachten – Ungleichzeitigkeit des Dialogs zwischen Männern und Frauen in der Organisation aufzeigen!
Dauer:	10-15 Minuten Flüstergruppen, Input abhängig von den Fragen
Materialien:	Flipchartbögen und Stifte für die Flüstergruppen, Pinnwände
Anmerkungen:	Der Input kann, wenn sich Anschlussfragen ergeben, leicht zu ausführlich werden. Den Input daher auf das beschränken, was für die Weiterarbeit notwendig ist.

Wenn in geschlechtshomogenen Flüstergruppen gearbeitet wird, ist es wichtig, bei der Auswertung darauf zu achten, dass Unterschiede in den Ergebnissen der geschlechtshomogenen Flüstergruppen nicht einseitig negativ oder positiv bewertet werden. Alle Fragen sind zulässig und wichtig. Die Feststellung von Unterschieden soll keine Geschlechterzuschreibungen und Stereotype verfestigen. Das alltägliche „doing gender" soll herausgearbeitet werden. Auf Gleichwertigkeit von und Respekt vor unterschiedlichen Zugängen und Sichtweisen ist zu achten. Differenzierte Sichtweisen sind vor dem Hintergrund geschlechterhierarchischer gesellschaftlicher Strukturen einzuordnen.

10. Matrix zu geschlechterpolitischen Strategien

Zielgruppe(n):   Lenkungs- bzw. Steuerungsgruppen, Führungskräfte, Multiplikatorinnen und Multiplikatoren
Bei längeren Gender-Trainings oder -Ausbildungen: alle Beschäftigtengruppen

Ziel: Unterstützung der eigenen Positionsbestimmung zu einzelnen geschlechterpolitischen Strategien
Überprüfung des Wissens- und Informationsstandes

Methode: Arbeit in (geschlechtshomogenen) Gruppen, Bearbeitung von Informationsmaterial

Auftrag: Stellen Sie auf einer Pinnwand die aus Ihrer Sicht wichtigsten Punkte zu den geschlechterpolitischen Strategien Gender Mainstreaming, Frauenförderung und Managing Diversity zusammen!
Nutzen Sie bei Bedarf das Informationsmaterial! (siehe die folgenden Seiten)

Strategie	Ziele	Kernaussagen	Anmerkungen
Gender Mainstreaming			
Frauenförderung			
Managing Diversity			

Auswertung: Präsentation der Ergebnisse, Nachfragen
Gemeinsamkeiten und Unterschiede der (geschlechtshomogenen) Arbeitsergebnisse
Ergänzungen durch das Gender-Team

Dauer: 45 bis 60 Minuten in Arbeitsgruppen (je nach Vorwissen), 45 Minuten im Plenum

Materialien:	Pro Arbeitsgruppe eine mit einer Matrix versehene Pinnwand, dicke Stifte
	Infomaterialien zu den drei Strategien
Anmerkungen:	Wenn die Teilnehmenden über wenig Vorwissen verfügen und/oder es nicht gewohnt sind, mit Texten zu arbeiten, kann die Zeit in den Arbeitsgruppen zu knapp bemessen sein.

Wenn in geschlechtshomogenen Gruppen gearbeitet wird, ist bei der Auswertung darauf zu achten, dass Unterschiede in den Ergebnissen der Gruppen nicht einseitig negativ oder positiv bewertet werden. Oft fallen die Ergebnisse der Männergruppen etwas knapper aus. Hier zeigen sich Ungleichzeitigkeiten in der Entwicklung von Gender-Kompetenz und im Dialog. Die Feststellung von Differenzen soll nicht geschlechtsstereotype Zuschreibungen verfestigen, sondern für unterschiedliche Zugänge und Sichtweisen sensibilisieren und auf deren Gleichwertigkeit und gegenseitigem Respekt achten. Hier ist auch ein Bezug zu „doing gender" herzustellen.

Informationsmaterial: Gender Mainstreaming

▶ Gender Mainstreaming ist die Strategie der Europäischen Gemeinschaft zur Umsetzung von Geschlechterdemokratie und wurde im Amsterdamer Vertrag (1997) für alle Politik- und Tätigkeitsfelder festgelegt. Das Gender Mainstreaming ist für alle Mitgliedstaaten verbindlich.

▶ Ziel ist die Berücksichtigung der Dimension der Chancengleichheit von Frauen und Männern in allen Politikbereichen und allen politischen Entscheidungsprozessen und Maßnahmen. Die Verantwortung für das Erreichen der Chancengleichheit liegt damit bei allen politischen Akteuren und Akteurinnen sowie nicht mehr allein beim jeweiligen Frauenministerium, sondern bei allen Ministerien. Es ist also jede Verantwortungsebene gemeint, im Bereich der Politik ebenso wie in der Verwaltung. Die Verantwortung für eine geschlechtergerechte Politik geht prinzipiell auf die Fachressorts über.

▶ Definition: „Gender Mainstreaming besteht in der (Re)-Organisation, Verbesserung, Entwicklung und Evaluierung der Entscheidungsprozesse, mit dem Ziel, dass die an politischer Gestaltung beteiligten Akteure und Akteurinnen den Blickwinkel der Gleichstellung zwischen Frauen und Männern in allen Bereichen und auf allen Ebenen einnehmen." (Europarat 1998)

▶ Gender Mainstreaming ist somit eine Strategie zur Umsetzung gleichstellungspolitischer Ziele. Über die Ziele und Visionen muss einerseits weiterhin auf der politischen Ebene verhandelt werden, andererseits müssen sich die jeweiligen Fachressorts oder Ministerien ebenfalls auf Grundlinien verständigen, was Geschlechtergerechtigkeit oder Geschlechterdemokratie in ihrem Feld jeweils bedeutet.

▶ Marianne Weg beschreibt in einem unveröffentlichten Manuskript („Gender Mainstreaming als Politikmethode für Geschlechterdemokratie") den Nutzen der Anwendung des Gender Mainstreaming:

- Demokratie und soziale Gerechtigkeit können vorangebracht werden: Eine neue Qualität sozialer und gesellschaftlicher Innovationen wird erreicht.

- Mehr gleichstellungspolitische Effektivität: Alle politischen Entscheidungen und Maßnahmen sind um Chancengleichheit erweitert, alle Verantwortungsträger sind im Top-Down-Prozess verantwortlich.

- Abbau bestehender Nachteile für beide[17] Geschlechter.

- Gleichstellungsmaßnahmen werden effizienter, da sie von vornherein einbezogen werden: Prävention ist (kosten)effizienter als der nachträgliche Abbau entstandener Nachteile; Ökonomische Vernunft: ökonomischer Strukturwandel wird besser gefördert.

▶ Gender Mainstreaming ist ein Top-Down-Ansatz, d.h. vor allem: Die jeweilige Führungsspitze muss festlegen, dass Gender Mainstreaming angewendet werden soll. Sie muss Ziele gemeinsam definieren, Zielprioritäten festlegen und Ressourcen bereitstellen, denn die Umsetzung und die Anwendung des Gender Mainstreaming liegt in der Führungsverantwortung.

---

[17] Vor dem Hintergrund der Debatten um Konstruktion und Dekonstruktion (Queer, Transgender etc.) wäre es besser, von *allen* Geschlechtern zu sprechen. Siehe Fußnote 2.

Informationsmaterial: Frauenförderung

▶ Frauenförderung ist die Verwirklichung gleicher Grundrechte durch Frauenpolitik. Sie hat sich als eine Strategie zur Förderung des Gleichstellungsgedankens in der deutschen Verwaltung etabliert. Frauenförderpolitik beruht auf dem Gedanken der Defizitanalyse, d.h. Frauen sind benachteiligt. Aufgrund dieser Analyse werden Handlungsschritte zur Behebung von Defiziten zugunsten der strukturell benachteiligten Frauen entwickelt.

▶ Frauenquote, Stärken von Kompetenzen und Durchsetzungsfähigkeit bzw. Durchsetzungsmacht im Sinne des Empowerment-Ansatzes sind Instrumente, die aus der institutionellen und autonomen Frauenpolitik entstanden sind und innerhalb von Organisationen sowie auf der gesellschaftspolitischen Ebene die Gleichbehandlung von Frauen erreichen sollen.

▶ Es haben sich sowohl autonome als auch integrative Frauenförderansätze entwickelt, die gerade in der entwicklungspolitischen Förderung, wo frauenspezifische Projekte, Foraueninitiativen und Frauenorganisationen unterstützt werden, mittlerweile eine langjährige Tradition haben.

▶ Ziel ist die Stärkung von Frauen und die Entwicklung von Frauenmacht und Gegenmächten. Ausgangspunkt ist die Analyse der gesellschaftlichen Ungleichheiten, die insbesondere Frauen betreffen, wie z.b. geschlechtliche Arbeitsteilung, Zugänge zu Ressourcen, Partizipationsmöglichkeiten usw. Frauenförderung und Frauenpolitik stellen somit die Interessen von Frauen in den Mittelpunkt, oft nur ergänzend oder im nachhinein andere politische Maßnahmen korrigierend.

▶ Institutionell wird sie in der Regel von einer Frauenbeauftragten oder Gleichstellungsbeauftragten eingefordert und umgesetzt. Die Stellung der Frauen-/Gleichstellungsbeauftragten innerhalb einer Organisation ist oft umstritten, wird belächelt, nicht ernst genommen oder bestenfalls neutral behandelt.

▶ Frauenförderung als solche ist zu einem Negativ-Begriff geworden. „Frau sein" heute birgt nicht mehr per se Defizite, die durch Fördermaßnahmen korrigiert werden können. Frauen sind fachkompetent, können auftreten, sind leistungsstark, haben Ausstrahlung. Auch gegen den Begriff der Gleichstellung gibt es Widerstände. Zu sehr wird die Arbeitswelt als eine männlich geprägte Welt erlebt, die Frauen – und auch einige Männer – nicht einfach akzeptieren, sondern anders gestalten wollen.

▶ Unter interner Frauenförderung verstehen wir eine bewusste und gezielt organisationsspezifische Personalplanung und -politik, die das Ziel hat, durch den Fokus auf

Frauen breitere Personalressourcen effizienter zu nutzen. Personalpolitische Maßnahmen sind: Personalwerbung, Personalauswahl, Personaleinstellung, Ausbildung,
Weiterbildung, Beförderung, Personalentwicklung und die Schaffung der notwen-
digen organisatorischen Rahmenbedingungen. Unterstützt werden diese personalpolitischen Maßnahmen z.b. durch die Frauenquote.

▶ Externe Frauenförderung meint die Berücksichtigung frauenspezifischer Aspekte in
der politischen Arbeit. Grundlage ist in der Regel ein Defizitansatz, d.h. Diskriminierung bedeutet nicht nur die bewusste offene Benachteiligung einzelner Frauen,
sondern auch die strukturelle Benachteiligung, die dazu führt, dass Frauen geringere
Chancen als Männer haben. Frauenförderung hat dann das Ziel, gleiche Rechte,
Pflichten und Chancen für Frauen am Arbeitsplatz zu erzielen. Die Gleichstellung
von Männern und Frauen soll zur Normalität werden.

Arbeitsmaterial: Diversity Management[18]

▶ Mit dem Begriff „Diversity" wird international eine Strategie zur Erhaltung der wirtschaftlichen, kulturellen und sozialen Vielfalt bezeichnet. Als „Diversity Management" ist dieser Ansatz international in die Personalentwicklung von Unternehmen eingeführt und in der Literatur beschrieben worden. Diversity Management zielt im Kern auf die optimale Ausnutzung personeller Ressourcen.

▶ Diversity Management und Gender Mainstreaming haben einiges miteinander gemein:

● beide setzen auf differenzierte Wahrnehmung, denn „Gender" benennt das Geschlecht als ein Strukturmerkmal neben der ethnischen Zugehörigkeit oder Herkunft, der sexuellen Orientierung, der sozialen Lage, der Befähigung bzw. Behinderung,

● beide benennen also soziale Strukturen, die Menschen prägen,

● beide können gegen Diskriminierung wirken.

▶ Zwischen Diversity Management und Gender Mainstreaming gibt es aber in der bisherigen Praxis auch bedeutende Unterschiede:

● Gender Mainstreaming zielt nicht nur auf Modernisierung, sondern vor allen Dingen auf Gleichstellung von Frauen und Männern in ihrer Vielfalt. Diversity Management stellt dagegen den ökonomischen Nutzen deutlich in den Vordergrund;

● Diversity Management richtet sich nicht immer eindeutig auf Diskriminierung, während Gender Mainstreaming alle Formen der Diskriminierung von Frauen und von Männern adressiert;

● Diversity Management orientiert sich meist primär an den Anforderungen der Ökonomie und den Zielen des Unternehmens, während Gender Mainstreaming diese Ziele beeinflussen und verändern kann;

● Diversity Management wird meist nicht als Gemeinschaftsaufgabe verstanden, während Gender Mainstreaming die systematische Anerkennung der Vielfalt ebenso wie die Orientierung auf Gleichstellung als Aufgabe aller versteht.

---

[18] Quelle: http://www.gender-mainstreaming.net/gm/Wissensnetz/ziele,did=16586.html (Abfrage 30.9.2005)

► Gender Mainstreaming und Diversity Management können folglich auch sinnvoll miteinander verknüpft werden, wenn sich Diversity Management eindeutig gegen Diskriminierungen stellt und „Gender" neben anderen sozialen Strukturmerkmalen als eine wesentliche Kategorie anerkennt, die Gesellschaft heute prägt. Dafür müssen sich die Ziele, die bislang mit Diversity Management verfolgt werden, aber erweitern.

► Diversity benennt das Mosaik von Menschen, die eine Vielfalt von Lebens- und Berufserfahrung, Sichtweisen und Werten als Kapital in ihren Arbeitsbereich einbringen. Diversity Management zielt als Personalentwicklungsstrategie darauf, diese Unterschiede gezielt wahrzunehmen und bewusst anzuerkennen, um daraus Nutzen für den wirtschaftlichen Erfolg zu ziehen. Mit Diversity Management versucht die Wirtschaft also, die Vielfalt der Humanressourcen des Unternehmens produktiv für den wirtschaftlichen Erfolg zu nutzen. Diversity Management ist damit vorrangig eine Strategie zur Verbesserung der Effizienz und Wettbewerbsfähigkeit eines Unternehmens.

Beispiel für eine Zusammenfassung durch das Trainingsteam:

Standortbestimmung — Input: Trainingsteam

Strategie	Ziele	Kernaussagen	Anmerkungen
Gemeinschaftsaufgabe Geschlechterdemokratie	• demokratische Verhältnisse zwischen Frauen und Männern • gleiche Teilhabe an (politischen) Entscheidungsprozessen • geschlechterdemokratische Organisation entwickeln	• gemeinsame Verantwortung aller für die Umsetzung und Verwirklichung • Sachlich-strukturell-personell/individuell • Gender-Kompetenz entwickeln, fördern • Ex-Ante-Ansatz • Gender-Analysen	• Stabsstelle und Gender-Team zur Prozessbegleitung und Beratung • Feministisches Institut • Frauenquote • Verpflichtung im Arbeitsvertrag
Gender Mainstreaming	• Dimension Chancengleichheit von Männern und Frauen auf allen Ebenen, in allen Prozessen berücksichtigen	• Geschlecht ist wesentliches Kriterium bei der Lösung sozialer, politischer, wirtschaftlicher und betrieblicher Fragestellungen und Probleme. • Gender als Analysekategorie (Diversity) • Ex-Ante-Ansatz • Gender-Kompetenz • Führungsverantwortung	• Doppelstrategie mit Frauenförderung • Perspektivenwechsel von Frauenförderung zur Gender-Orientierung
Frauenförderung	• Chancengleichheit von Frauen	• Frauenpolitische Maßnahmen • Empowerment — Stärkung von Handlungskompetenz von Frauen (Defizitansatz) • im Nachhinein	Delegation an Frauenbeauftragte Differenzansätze betriebliche und autonome Frauenpolitik

Standortbestimmung

Strategie	Ziele	Kernaussagen	Anmerkungen
Managing Diversity	Schaffung einer multikulturellen Organisation Vielfalt und Potentiale der Mitarbeiter/Innen optimal für Unternehmensziel und wirtschaftlichen Erfolg nutzen	Kerdimensionen von Vielfalt: – Geschlecht – ethnische Herkunft – sexuelle Orientierung – Alter – Religion – Behinderung Menschen bringen eine Vielfalt von Lebens- und Berufserfahrung, Sichtweisen und Werten als Kapital in ihren Arbeitsbereich ein Personal-management-Strategie	Verbesserung der Effizienz und Wettbewerbsfähigkeit eines Unternehmens im Fokus eher: Privatwirtschaft

115

11. Mind-Map zu geschlechterpolitischen Strategien

Zielgruppe(n):	Lenkungs- bzw. Steuerungsgruppen, Führungskräfte, Multiplikatorinnen und Multiplikatoren. Bei längeren Gender-Trainings: alle Beschäftigtengruppen
Ziel:	Unterstützung der eigenen Positionsbestimmung zu einzelnen geschlechterpolitischen Strategien Überprüfung des Wissens- und Informationsstandes
Methode:	Gemeinsame Erstellung von Mind-Maps auf Pinnwänden
Vorgehen:	In die Mitte der Pinnwände wird jeweils ein Begriff (z.B. Gender Mainstreaming, Frauenförderung, Managing Diversity) geschrieben. Die Teilnehmenden werden aufgefordert gleichzeitig ihre Assoziationen, Fragen und Kommentare als „Zweige" an die Begriffe zu malen und auch aufeinander Bezug zu nehmen. Jemand startet mit einer Assoziation oder Frage, die anderen ergänzen, stellen weitere Fragen, fügen an, kommentieren oder kritisieren.
Auswertung:	Gemeinsames Gespräch über die inhaltliche Bestimmung der geschlechterpolitischen Strategien
Dauer:	15 Minuten Mind Map erstellen, Auswertungsgespräch max. 45 Minuten
Materialien:	Für jeden Begriff eine mit Wandzeitungspapier bespannte Pinnwand, ein dicker Stift pro Teilnehmerin und Teilnehmer
Anmerkungen:	Bei der gemeinsamen Betrachtung der Mind-Maps können sich spannende Fragen und Diskussionen ergeben. Diese sollten nicht ausgedehnt werden, sondern auf Klärung offener Punkte hin orientieren, da dieser inhaltliche Teil schnell ermüdend werden kann.

12. Standortbestimmung – Rollenspiel Gender Mainstreaming vs. Frauenpolitik

Zielgruppe: Multiplikatorinnen und Multiplikatoren
Bei längeren Gender-Trainings und -Ausbildungen: alle Beschäftigtengruppen

Ziel: Unterstützung der eigenen Positionsbestimmung zu einzelnen geschlechterpolitischen Strategien

Methode: Rollenspiel zum Thema: „Gender Mainstreaming – eine Herausforderung für die Kommunalpolitik! Wird durch Gender Mainstreaming explizit Frauenpolitik aufgegeben?"

Szenario: Gender Mainstreaming wurde auf politischer Ebene beschlossen. Die Verwaltung hat einen Gender-Beauftragten eingestellt. Die Frauenbeauftragte und der neue Gender-Beauftragte stehen (unterschwellig) in Konkurrenz. Es soll eine öffentliche Diskussionsveranstaltung zum Thema Gender Mainstreaming durchgeführt werden.

Rollen: Frauenbeauftragte (Vorbereitung durch 2 Personen: ein Mann/eine Frau)
Gender-Beauftragte (Vorbereitung durch 2 Personen: ein Mann/eine Frau)
Moderationsteam (2 Personen: ein Mann/eine Frau)

Weitere Rollen für das Podium/Publikum: kritische Feministin; Vertreter der Männerbewegung/-szene, Väterbewegung; einige Verwaltungsleute; Leute aus der Politik, aus Parteien; Journalistin oder Journalist für eine kommunalpolitische Fachzeitschrift; Vertreterin oder Vertreter von Diversity-Ansätzen

Frauenbeauftragte und Gender-Beauftragte bilden das Vorbereitungsteam

Auftrag für das Vorbereitungsteam: Bereiten Sie gemeinsam die Diskussionsveranstaltung zum Thema: „Gender Mainstreaming – eine Herausforderung für die Kommunalpolitik! Wird durch Gender Mainstreaming explizit Frauenpolitik aufgegeben?" vor. Erarbeiten Sie eine Grobkonzeption! Wen laden Sie auf das Podium ein? Wie wird das Moderationsteam einbezogen?

Auftrag für das Moderationsteam: Bereiten Sie die oben genannte Veranstaltung mit dem Vorbereitungsteam vor. Sie wissen,

– dass Frauenbeauftragte und Gender-Beauftragter jeweils auf dem Podium sitzen sollen,
– um die Konkurrenz der Frauenbeauftragten und des Gender-Beauftragten.

Auftrag für die weiteren Rollen: Machen Sie sich mit Ihrer Rolle vertraut, entwickeln Sie eine Position zum Thema der Diskussionsveranstaltung und sammeln Sie Argumente dafür. Machen Sie Ihre jeweilige Position in der Veranstaltung extrem deutlich, störend, provokant...

Durchführung:	Das Vorbereitungsteam informiert nach 15 Minuten Vorbereitungszeit die anderen Mitspielenden darüber, wer auf das Podium eingeladen wird. Alle anderen vertreten ihre Positionen als Publikum. Die Vorbereitungsgruppe gestaltet den Raum, das Moderationsteam gibt das Startzeichen und beendet das Rollenspiel. Danach kurze Pause und Rollen „abschütteln".
Auswertung:	Erste Runde: Wie ist es mir in meiner Rolle ergangen? Wie habe ich mich gefühlt? Was habe ich erlebt? Zweite Runde: Austausch über den inhaltlichen Verlauf, die vorgebrachten Argumente, offene Fragen klären oder im Themenspeicher zur weiteren Bearbeitung festhalten.

Auswertungsebenen:
- in der Rolle
- die Dynamik und Konkurrenz der Ansätze
- fachliche und inhaltliche Ebene

Dauer:	Vorbereitung in den Rollen: 45-60 Minuten Durchführung des Rollenspiels: 30 Minuten Auswertung des Rollenspiels: 60-90 Minuten
Materialien:	Barbara Stieglers zehn Thesen zum Konzept Gender Mainstreaming (Stiegler 2002) Infos zu Positionen der Parteien (Internetrecherche)
Anmerkungen:	Die Auswertung kann schnell zu langatmig werden. Das Gender-Team muss daher sehr darauf achten, dass die einzelnen Beiträge nicht zu lang werden. Am Rollenspiel unbeteiligt ergänzt das Gender-Team die Auswertung mit seinen Beobachtungen von außen.

13. Geschlechterstrukturen in der Organisation[19]

Zielgruppe(n):	Führungskräfte, Steuerungs- bzw. Lenkungsgruppen, Projektgruppen, Teams, alle Beschäftigtengruppen einer Organisation
Ziel:	Durchführung einer ersten Analyse von geschlechterbezogenen Strukturen innerhalb der Organisation. Die Teilnehmenden erkennen, dass „männlich" oder „weiblich" konnotierte Strukturmerkmale unterschiedlichen Bewertungen unterliegen und damit Geschlechterasymmetrien (re)produzieren und verstärken.
Methode:	Arbeit in geschlechtshomogenen Gruppen
Auftrag:	Schauen Sie sich die Liste von Organisationsmerkmalen an. Diskutieren Sie vor dem Hintergrund Ihrer Organisation die Fragen:

- Haben diese Organisationsmerkmale jeweils eine hohe oder eine weniger hohe Bedeutung für die Organisation?
- Handelt es sich jeweils eher um ein „weibliches" oder um ein „männliches" Prinzip oder Merkmal?

Ordnen Sie die Karten mit den Merkmalen auf einer Pinnwand ein:

„Weibliches" Prinzip	Hohe Bedeutung für die Organisation	„Männliches" Prinzip
		Merkmal Y
	Merkmal X	
Merkmal Z		Merkmal K
„Weibliches" Prinzip	Geringe Bedeutung für die Organisation	„Männliches" Prinzip

---

[19] Diese Übung haben wir über Ralf Lange aus Hamburg kennengelernt. Er hat sie gemeinsam mit Angelika Blickhäuser in einem Gender-Training durchgeführt.

Auswertung:	Die Ergebnisse der beiden Arbeitsgruppen werden vor-gestellt und miteinander verglichen: Gemeinsamkeiten und Unterschiede in der Analyse und Bewertung werden herausgearbeitet und festgehalten
Dauer:	20-30 Minuten Arbeitsgruppen, 20-30 Minuten Auswertung
Materialien:	Zwei Karten-Sätze mit Organisationsmerkmalen (siehe unten), zwei Pinnwände, bespannt mit Wandzeitungspapier und vorbereiteter Matrix
Anmerkungen:	In der Regel wird die Bedeutung einzelner Merkmale geschlechtsbezogen unterschiedlich bewertet und einge-ordnet. Im Gespräch sollte herausgearbeitet werden, was diesen unterschiedlichen Einschätzungen zugrunde liegt, und der Bezug zu Gender-Strukturen in der Organisation sollte hergestellt werden. Darüber hinaus ist zu beobachten, dass Frauengruppen für die Zuordnung oft mehr Zeit benötigen, da sie mehr ausdiskutieren. Männergruppen stimmen eher mal ab und gehen nach dem Mehrheitsprinzip vor.

Organisationsmerkmale

Autonomie, Status, Sozialprestige
Konsensorientierung
Partizipation
Konkurrenz
Gleichheit
Autorität
Führung durch Verständigung auf gemeinsame Ziele
Kooperation und Ausgleich

Partnerschaft und Dialog
Balance zwischen Beruf und Familie
Dissensorientierung
Beruf geht vor Familie
Hierarchie
Führung durch Autorität ausgewählter Eliten
Befehl und Gehorsam

1.2 Personalebene

1. Geschlechterrollen in einer „Kultur der Zweigeschlechtlichkeit"

Zielgruppe(n):   Führungskräfte(nachwuchs) aller Ebenen

Ziel: Die Teilnehmenden reflektieren eigene Geschlechterrollen(bilder) und erkennen deren Vielfalt und soziale Differenzierung (Geschlecht als soziale Konstruktion in verschiedenen Kontexten, Gender Diversity).

Methode: Arbeit mit Bildern und Photos, Perspektivenwechsel

Vorgehen: Es liegen Photos und Darstellungen von Männern und Frauen im Raum aus. Die Teilnehmenden suchen sich jeweils einen Mann und eine Frau aus, die ihren Vorstellungen einer idealen männlichen und einer idealen weiblichen Führungskraft nahe kommt.

Auswertung: a) Vorstellen der Bilder im Plenum unter der Fragestellung: Was hat Sie veranlasst, sich gerade diese Bilder auszusuchen?
b) Gemeinsame Erarbeitung von Kriterien für
– eine ideale weibliche
– eine ideale männliche Führungskraft

Fragestellungen:
– Welche Kompetenzen schreiben Sie Führungskräften zu?
– Welche Kompetenzen schreiben Sie weiblichen und männlichen Führungskräften zu?
– Welche Besonderheiten muss eine weibliche bzw. eine männliche Führungskraft haben?

Dauer:	10 Minuten Bilder aussuchen, ca. 30 Minuten Bilder vorstellen, 45 Minuten Kriterien erarbeiten
Materialien:	Ungefähr gleich viele Photos von Männern und Frauen aus Zeitschriften, Bildkarten etc. mit unterschiedlichen Typen und Darstellungen unterschiedlicher Lebenssituationen, ethnischer Herkunft, Alter etc.
Anmerkungen:	Bei der Erarbeitung der Kriterien ist darauf zu achten, dass von den Teilnehmenden erlebte oder beschriebene Differenzen im Verhalten zwischen männlichen und weiblichen Führungskräften nicht als geschlechtsspezifisch im biologischen Sinne festgeschrieben, sondern als sozial konstruiert erkannt werden.

Es sollte herausgearbeitet werden, dass den Geschlechtern zugeschriebene Verhaltensweisen ohne sachlichen Grund unterschiedlich bewertet werden, dass es Stereotypen sind.

2. Gender-Collage

Zielgruppe(n):   alle Beschäftigtengruppen

Ziel: Sensibilisierung für die Vielfalt von Geschlechterrollen
Wissen über soziale Differenzierungsdimensionen von Geschlecht vermitteln
Bewusstsein schaffen über unterschiedliche Herangehensweisen in geschlechtshomogenen Arbeitsgruppen
Die Bedeutung von geschlechtsheterogener Zusammensetzung von Arbeitsgruppen für die Zusammenarbeit in Organisationen erkennen

Methode: Erstellen einer Collage in geschlechtshomogenen Arbeitsgruppen

Auftrag: „Basteln" Sie sich aus den ausliegenden Zeitungen, Zeitschriften und Karten, aus Zeichnungen und anderen Gestaltungsmaterialien Ihren „idealen" männlichen Chef, Ihre „ideale" weibliche Chefin (Betriebsrat/Betriebsrätin, Kollegin/Kollegen), das ideale (Leitungs-) Team, etc.)!
Ordnen Sie Ihren Bildern Eigenschaften zu!

Auswertung: Präsentation der Bilder im Plenum, Austausch über:
– den Prozess der Herstellung
– Unterschiede und Gemeinsamkeiten der geschlechtshomogenen Gruppenergebnisse
– offene Fragen

Dauer: 30-45 Minuten für Collagenerstellung, 30 Minuten Auswertung

Materialien: Verschiedene Zeitschriften, Bilder, Karten, Klebestifte, Scheren, Pinnwände mit Wandzeitungspapier bespannt, dicke verschiedenfarbige Stifte

Anmerkungen: Die Collagenerstellung verläuft meist sehr unterschiedlich. Die Frauengruppen gehen mit viel Spaß und Kreativität an die Aufgabe heran. Die Männergruppen sind reservierter, diskutieren mehr, tun sich manchmal schwer, müssen motiviert werden.

3. Führung ist ...

Zielgruppe(n):	Führungskräfte, Führungskräftenachwuchs
Ziel:	Sensibilisierung für die struktur- und verhaltenswirksame Relevanz der Kategorie Geschlecht in Führungskontexten und Managementkulturen
Methode:	Arbeit in geschlechtshomogenen Gruppen
Auftrag:	Entwickeln Sie Thesen zur beiliegenden Anzeige nach dem Muster: „Führung ist ...", „Führungsverantwortung bedeutet ..." etc.
Auswertung:	1. Präsentation der Ergebnisse im Plenum 2. Gemeinsamkeiten und Unterschiede der Arbeitsgruppen herausarbeiten Einstiegsfrage: „Führung ist männlich – oder?" Weitere Fragen: Werden „männliche" Führungsstile anders bewertet als „weibliche"? Was könnten Kriterien für einen gender-kompetenten Führungsstil sein?
Dauer:	30 Minuten Arbeitsgruppen, 30-45 Minuten Auswertung
Materialien:	Kopie der Anzeige für alle Arbeitsgruppen, Flipchartpapier, dicke Stifte
Anmerkung	Bei der Betrachtung von „männlichen" und „weiblichen" Führungsstilen und der Erarbeitung der Kriterien für Gender-Kompetenz ist darauf zu achten, dass die von den Teilnehmenden erlebten oder beschriebenen Differenzen im Führungsstil männlicher und weiblicher Führungskräfte nicht als geschlechtsspezifisch im biologischen Sinne festgeschrieben, sondern als sozial konstruiert erkannt werden.

Es sollte herausgearbeitet werden, dass den Geschlechtern zugeschriebene Verhaltensweisen und Führungsstile ohne sachlichen Grund unterschiedlich bewertet werden und dadurch Geschlechterhierarchien reproduzieren.

„Führung ist..."- Anzeige als Arbeitsmaterial für Gruppenarbeit

4. Männerbündische Arbeitskultur am Beispiel von Personalpolitik[20]

Zielgruppe(n): Führungskräfte(nachwuchs)

Ziel: Sensibilisierung für die struktur- und verhaltenswirksame Relevanz der Kategorie Geschlecht in Führungskontexten und Managementkulturen

Methode: Arbeit in geschlechtshomogenen Gruppen

Auftrag: Diskutieren Sie in den Arbeitsgruppen folgende Thesen zu männerbündischer Arbeitskultur:

1. Keine Organisation funktioniert ohne informelle Ebene im Führungsbereich.

2. Im Führungsbereich sind informelle Beziehungen von Männern initiierte Netze (aufgrund von Männerdominanz) und damit nicht selten typische Männerbünde.

3. Bei Personalentscheidungen geht es um die wichtigsten internen Ressourcen einer Organisation.

4. Bei Personalentscheidungen lassen sich häufig männerbündische Arbeitskulturen gebündelt beobachten, da Loyalität, Kennen und Einhalten von Spielregeln und soziale Ähnlichkeit bedeutende Kriterien sind, in den Kreis aufgenommen zu werden.

5. Hintergründe eigener Karriereverläufe sind häufig Muster von Personalentscheidungen, obwohl Leistung das wichtigste Beförderungskriterium sein sollte.

Auswertung: Darstellung der Ergebnisse der Arbeitsgruppen im Plenum. Im Gespräch herausarbeiten:
1. Worin unterscheiden sich die Diskussionsergebnisse?

---

[20] Die Thesen beruhen auf Erkenntnissen von Höying / Puchert 1998.

2. Welche Schlussfolgerungen ziehen die Teilnehmenden aus den Diskussionsergebnissen der Arbeitsgruppen?

3. Glauben die Teilnehmenden, dass diese Thesen auch
   in ihrer Organisation eine Relevanz haben könnten?

5. Geschlechterrollenbilder im eigenen Führungsverhalten

Zielgruppe(n):   Führungskräfte(nachwuchs)

Ziel: Bedeutung von Gender als sozialer Kategorie und als Analysekategorie für das eigene Führungsverhalten herausarbeiten
                   Bedeutung von Gender-Kompetenz herausarbeiten

Methoden: Einzelarbeit, Gruppengespräch

Auftrag: Bearbeiten Sie für sich folgende Fragen:

1. Wie wirkt sich die Kategorie Geschlecht (Gender) auf Biografien von Männern und Frauen in Ihrer Organisation aus?

2. Wie wirkt sich die Kategorie Geschlecht (Gender) auf die beruflichen Rollen von Männern und Frauen in Ihrer Organisation aus?

3. Was prägt die Berufsrolle von Männern, was prägt die Berufsrolle von Frauen in Ihrer Organisation?

4. Welche Einschränkungen erleben Mitarbeiter/innen? Welche Einschränkungen erleben Mitarbeiter? Welche Rollen sind Frauen erlaubt bzw. zugeschrieben? Welche Rollen sind Männern erlaubt bzw. zugeschrieben?

5. Welche Auswirkung hat mein Geschlechterrollenbild auf meine Tätigkeit als Führungskraft?

6. Sehe ich als Führungskraft Gender-Fragen als wichtige Fragen an?

7. Stärke ich als Führungskraft bestimmte Geschlechteridentitäten?

8. Stärke ich als Führungskraft den Umgang mit Vielfalt?

Auswertung:	Diskussion der Ergebnisse der Einzelarbeit. Es werden nur die Fragen besprochen, die die Teilnehmenden offen machen wollen und einbringen.
Dauer:	20 Minuten Einzelarbeit, 45-60 Minuten Gespräch
Materialien:	Fragen als Handout für jede/n Teilnehmende/n, Flipchart oder Wandzeitung zur Ergebnisdokumentation im Plenum
Anmerkungen:	Thesen für den Hintergrund:

1. Gender-Fragen betreffen immer das Führungsverhalten.
2. Eigene Geschlechterrollenbilder beeinflussen das Führungsverhalten.
3. Die Reflexion von Geschlechterfragen führt dazu, die Vielfalt und damit die Individualität der Mitarbeitenden zu berücksichtigen: Männer werden nicht in Männerstereotype gesteckt, Frauen nicht in Frauenstereotype.
4. Unterschiedliche Zugänge und Verhaltensweisen müssen kontext- und sachbezogen bewertet werden, unabhängig vom Geschlecht und von den Geschlechterrollenbildern der Bewertenden.
5. Geschlechterhierarchie bildende Strukturen der Organisation müssen erkannt und beseitigt werden.

6. Mitarbeiter/innen-Vorgesetzten-Gespräche für Führungskräfte

Zielgruppe(n):	Führungskräfte(nachwuchs), Mitarbeitende
Ziel:	Sensibilisierung der Führungskräfte für Gender-Fragen Erarbeitung gender-bezogener Aspekte, die bei der Durchführung von sogenannten Mitarbeiter/innen-Vorgesetzten-Gesprächen von Relevanz sein können
Methoden:	Arbeit in geschlechtsheterogenen Gruppen
Auftrag:	Bereiten Sie ein Mitarbeiter/innen-Vorgesetzten-Gespräch anhand der Leitfragen vor. Stellen Sie sich einen Mitarbeiter oder eine Mitarbeiterin Ihrer Abteilung vor. Konstellationen können dabei sein:

1. Weibliche Führungskräfte wählen eine weibliche Mitarbeiterin aus.

2. Weibliche Führungskräfte wählen einen männlichen Mitarbeiter aus.

3. Männliche Führungskräfte wählen einen männlichen Mitarbeiter aus.

4. Männliche Führungskräfte wählen eine weibliche Mitarbeiterin aus.

Auswertung:	Die Arbeitsgruppen stellen im Plenum ihre Ergebnisse vor. Gemeinsamkeiten und Unterschiede der einzelnen oben aufgeführten Konstellationen werden herausgearbeitet. Gender-bezogene Aspekte aus den Mitarbeiter/innen-Vorgesetzten-Gesprächen werden zusammengetragen.
Dauer:	30-45 Minuten Arbeitsgruppen, 45-60 Minuten Plenum
Materialien:	Leitfaden als Handout für alle Teilnehmenden

Anmerkungen: Wenn keine Erfahrungen mit Mitarbeiter/innen-Vorgesetzten-Gesprächen vorhanden sind und dieses Instrument erst in die Organisation eingeführt wird, muss mehr Zeit eingeplant werden. Denn Widerstände, die sich an Mitarbeiter/innen-Vorgesetzten-Gesprächen entzünden, kommen im Gender-Kontext ebenfalls zum Tragen und erschweren die Sensibilisierung für genderbezogene Aspekte.

Leitfragen für gender-orientierte Mitarbeiter/innen-Vorgesetzten-Gespräche

Gender-Analyse	• Welche Geschlechterkonstellationen finden Sie in Ihrem Arbeitsbereich vor?
Gender-Reflexion	• Welche eigenen Geschlechterrollenbilder haben Sie als Führungskraft? • Welche Erwartungen haben Sie bezogen auf die berufliche Entwicklung bei Männern, welche bei Frauen? • Können Sie sich vorstellen, dass Barrieren vorliegen könnten, z.b. Barrieren von Seiten eines männlichen Mitarbeiters zu seiner weiblichen Vorgesetzen? Und umgekehrt? • Welche Barrieren könnten Sie sich als männliche Führungskraft Ihrem männlichen Mitarbeiter gegenüber vorstellen? • Welche Barrieren könnten Sie sich als weibliche Führungskraft Ihren weiblichen Mitarbeiter/innen gegenüber vorstellen?
Konfliktfähigkeit	• Können Sie sich vorstellen, dass es Konflikte aufgrund von sogenannten Gender-Konstellationen gibt? • Haben Sie solche Konflikte schon einmal erlebt? Überlegen Sie sich Fragestellungen und Konfliktkonstellationen, die sich ergeben könnten.
Ziele	• Welche fachlichen Ziele verfolgt die Mitarbeiterin oder der Mitarbeiter? • Welche gender-spezifischen Ziele können Sie nun formulieren? • Wie können Sie als Führungskraft die Mitarbeitenden bei der Umsetzung unterstützen?

Leitfaden für ein Mitarbeiter/innen-Vorgesetzten-Gespräch mit Gender-Dimensionen

Vorbereitungsbogen zum Mitarbeiter/innen-Vorgesetzten-Gespräch von: Datum:	Gender-Dimensionen
Die Fragen dienen als Anregung oder Leitfaden für die persönliche Vorbereitung. Das Gespräch soll sich auf dieser Grundlage als offener Dialog entfalten, muss sich aber nicht an diese Vorlage halten.	• Wer ist beteiligt? • Welche Konstellation und welcher soziokulturelle Hintergrund, welche Lebensumstände sind relevant? • Mit welchen Perspektiven und Vorannahmen gehe ich als Mann / als Frau in das Gespräch?
1. Zum Thema „Rückschau" • Für welche Tätigkeitsbereiche haben Sie im vergangenen Jahr einen Großteil Ihrer Zeit aufgewendet? • Was gelang Ihnen im letzten Jahr gut, was ist verbesserungswürdig? • Welche organisatorischen Maßnahmen scheinen Ihnen sinnvoll zur Verbesserung der Abläufe in unserer Arbeit? • Halten Sie neben den organisatorischen Maßnahmen zur Verbesserung der Arbeit auch andere Maßnahmen und Änderungen für notwendig?	• Gibt es unterschiedliche Gewichtungen und Bewertungen der Tätigkeitsbereiche, in denen vorwiegend Frauen oder vorwiegend Männern arbeiten? • Werden Erfolgskriterien genderbezogen unterschiedlich formuliert und bewertet? • Sind diese gender-bezogen unterschiedlich? • Wie bewerten das die Beteiligten?
2. Zum Thema „Zielvereinbarung" • Welche Ihrer Ziele des Vorjahres haben Sie erreicht, welche nicht? Gründe für das Erreichen bzw. das Nichterreichen? • Welche Ziele sehen Sie für das kommende Jahr?	Siehe auch Leitfaden Zielvereinbarung • Welche Auswirkungen hatte die Formulierung und Umsetzung der Ziele Ihrer Einschätzung nach auf Frauen und Männer?

3. Zum Thema „Persönliche Perspektiven" • Welche Zielvorstellungen und Interessen haben Sie für Ihre weitere berufliche Tätigkeit? • Was erwarten Sie in dieser Hinsicht von Ihrem / Ihrer Vorgesetzten? • Was können Sie und wollen Sie selbst dazu beitragen?	• Werden Zielvorstellungen / Interessen von Frauen und Männern unterschiedlich aufgenommen und bewertet?
4. Zum Thema „Zusammenarbeit" • Was sollte aus Ihrer Sicht in der Zusammenarbeit mit Ihrem Kollegen / Ihrer Kollegin, Ihrem / Ihrer Vorgesetzte/n beibehalten werden, was sollte sich ändern? • Wie beurteilen Sie Form und Inhalt der Mitarbeiter/innenbesprechung / Klausuren?	• Berücksichtigen Änderungsvorschläge gender-differenziert Zugänge und Sichtweisen von Frauen und Männern? • Gibt es unterschiedliche Wahrnehmungen von und im Umgang mit Konflikten? • Gibt es gender-bezogen unterschiedliche Beurteilungen?
5. Zum Thema „Führung" • Wie erleben Sie den/die Vorgesetze/n in Hinblick z.B. auf Umgang mit Lob, Kritik, Unterstützung, etc.?	• Gibt es gender-bezogen unterschiedliche Beurteilungen z.B. in Bezug auf Präsentation und Durchsetzungsvermögen?
6. Zum Thema „Feedback" • Erwünschtes Feedback zu: ... Vielen Dank!	• Führungskraft muss den Rahmen für die Thematisierung von Gender-Aspekten schaffen

7. Gender-orientierte Zielvereinbarungen

Zielgruppe(n):	Führungskräfte(nachwuchs), Mitarbeitende
Ziel:	Sensibilisierung der Führungskräfte für Gender-Fragen Reflexion gender-bezogener Aspekte, die bei dem Abschluss von Zielvereinbarungen und Zielvereinbarungsgesprächen von Relevanz sein können
Methode:	Arbeit in geschlechtsheterogenen Gruppen
Auftrag:	Bilden Sie zwei Arbeitsgruppen mit Teilnehmenden, die ähnliche Arbeitsgebiete haben. Beschreiben Sie Ziele für diese Arbeitsbereiche und formulieren Sie dann ein bis zwei gender-bezogene Ziele, die Sie mit Ihrer Mitarbeiterin oder Ihrem Mitarbeiter (bzw. Ihrem Vorgesetzten / Ihrer Vorgesetzten) umsetzen wollen. Dokumentieren Sie Ihre Ergebnisse auf einem Flipchart.
Auswertung:	Präsentation der Ergebnisse im Plenum und kollegiale Beratung
Dauer:	30 Minuten Arbeitsgruppen, 30-45 Minuten Auswertung
Materialien:	Leitfragen zu Zielvereinbarungen als Handout für alle Teilnehmenden, Flipchartpapier, dicke Stifte
Anmerkungen:	Wenn keine Erfahrungen mit Zielvereinbarungen bzw. Zielvereinbarungsgesprächen vorhanden sind und dieses Instrument erst in die Organisation eingeführt wird, muss mehr Zeit eingeplant werden. Denn mögliche Widerstände, die sich an Mitarbeiter/innen-Vorgesetzten-Gesprächen entzünden, kommen im Gender-Kontext ebenfalls zum Tragen und erschweren die Sensibilisierung für gender-bezogene Aspekte.

Leitfragen zur Gender-Orientierung im Rahmen von Zielvereinbarungen

Arbeitsgebiet	• Was ist Ihr Arbeitsbereich?
Identifikation von Zielen	• Beschreiben Sie ein bis zwei gender-bezogene Ziele, die Sie mit Ihrer Mitarbeiterin oder Ihrem Mitarbeiter in diesem Arbeitsbereich umsetzen wollen.
Identifikation von Gender-Dimensionen in der Umsetzung	• Was genau soll mit der Maßnahme vor dem Hintergrund der Zielformulierung erreicht werden? • Welchen Gewinn erhalten Sie durch die zusätzliche Berücksichtigung der Kategorie Gender als soziale oder Analyse-Kategorie? • Woran messen Sie, dass Sie ihr gender-orientiert formuliertes Ziel erreicht haben? • Bis wann soll das gender-orientiert formulierte Ziel erreicht werden?
Unterstützung der Mitarbeiterin / des Mitarbeiters	• Stellt die Formulierung von gender-orientierten Zielen eine Herausforderung für Sie dar? • Ist das gender-orientierte Ziel mit den vorhandenen Ressourcen zu verwirklichen? • Welche gender-differenzierten Daten brauchen Sie, um das Ziel erreichen zu können? • Welche Unterstützung brauchen Sie?
Vereinbarungen	• Entwicklung eines Maßnahmenkatalogs (Projektplanung) • Erster möglicher Beginn der Umsetzung der Maßnahmen, die zur Zielerreichung notwendig sind • Dauer bis zur Zielerreichung festlegen

	<ul><li>Rahmenbedingungen beschreiben: 1. Die Erreichung des gender-orientierten Ziels ist nur möglich, wenn... 2. Das Ziel ist nur in Kooperation und Abstimmung mit XY zu erreichen.</li><li>Formulierung von Meilensteinen und Zwischenschritten</li><li>Jeweilige Verantwortung klären</li></ul>

8. Gender-Analyse „Führungsaufgaben"

Zielgruppe(n):	Führungskräfte auf allen Ebenen
Ziel:	Sensibilisierung für Gender-Orientierung in der Arbeit als Führungskraft Mögliche Ansatzpunkte identifizieren und erste Umsetzungsschritte und -ideen für die Veränderung des eigenen Führungsverhaltens erarbeiten
Methode:	Einzelarbeit, Werkstattgespräch
Auftrag:	Bearbeiten Sie die folgenden Fragen:

1. Was sind Ihre wichtigsten Führungsaufgaben?

2. Wo begegnen Ihnen im Rahmen Ihrer Führungsverantwortung Gender-Fragen?

3. Welches Ziel verfolgen Sie mit einer möglichen Gender-Orientierung innerhalb Ihrer Führungsaufgaben?

4. Gibt es ein konkretes Projekt, bei dem Sie Gender-Fragen umsetzen wollen?

5. Gibt es eine konkrete Situation, die Sie genderbezogen verändern wollen?

6. Welche Möglichkeiten gibt es, das Ziel des Projektes zu erreichen? Welche (personalpolitischen) Maßnahmen können Sie entwickeln?

7. Welche Widerstände erwarten Sie?

8. Welche Rahmenbedingungen finden Sie vor?

9. Welche Unterstützung benötigen Sie?

Auswertung:	Präsentation der Ergebnisse im Plenum und kollegiale Beratung, gegebenenfalls Gemeinsamkeiten und Unterschiede in den Ergebnissen von weiblichen und männlichen Führungskräften herausarbeiten

Dauer:	30-45 Minuten Einzelarbeit, 45-60 Minuten Auswertung
Materialien:	Fragebogen als Handreichung für die Teilnehmenden
Anmerkungen:	Eine allgemeine Einführung in Gender und erste Sensibilisierung der Teilnehmenden muss vorab erfolgt sein.

Thesen als Hintergrundsmaterial:

1. Gender-Fragen betreffen immer das Führungsverhalten.

2. Eigene Geschlechterrollenbilder beeinflussen das Führungsverhalten.

3. Die Reflexion von Geschlechterfragen führt dazu, die Vielfalt und damit die Individualität der Mitarbeitenden zu berücksichtigen: Männer werden nicht in Männerstereotype gesteckt, Frauen nicht in Frauenstereotype.

4. Unterschiedliche Zugänge und Verhaltensweisen müssen kontext- und sachbezogen bewertet werden, unabhängig vom Geschlecht und von den Geschlechterrollenbildern der Bewertenden.

5. Strukturen, der Organisation, die eine Geschlechterhierarchie bilden, müssen erkannt und beseitigt werden.

9. Geschlechterdialog: „Männern reden anders", „Frauen auch"

Zielgruppe(n):	Alle Beschäftigtengruppen
Ziel:	Sensibilisierung für unterschiedliche Kommunikations- und Interaktionsformen von Frauen und Männern (in ihrer Vielfalt) Entwicklung von Ideen für einen geschlechtergerechten Dialog
Methode:	Flüsterecken, Flüstergruppen
Auftrag:	Im Raum liegen verschiedenen Thesen zur Kommunikation aus (Anregungen nächste Seite). Die Teilnehmenden werden aufgefordert, sich die These auszusuchen, die sie am meisten anspricht – entweder, weil sie ihr zustimmen, oder weil sie diese ablehnen. In der Flüstergruppe sollen sich die Teilnehmenden über ihre Ansichten austauschen.
Auswertung:	Fragen für ein gemeinsames Gespräch: 1. Warum haben Sie (jeweils) die These ausgewählt? 2. Welche Themen haben Sie in Ihrer Flüsterecke angesprochen? 3. Gibt es Situationen in Ihrem Arbeitsalltag, in denen Sie Aspekte der Thesen wiederfinden? 4. Wie könnten Regeln aussehen, damit eine andere, geschlechtergerechtere Gesprächskultur zwischen den Geschlechtern entstehen kann?
Dauer:	20 Minuten Flüsterecken, 30 Minuten Auswertung
Materialien:	4-5 Thesen zu Kommunikation auf Flipchartpapier
Anmerkungen:	Die Diskussion über die Thesen regt häufig zu kontroversen Debatten an, da sie zum Teil als Geschlechterstereotype interpretiert werden, von männlichen oder weib-

lichen Teilnehmenden sich abgrenzen wollen. Die Thesen spiegeln Ergebnisse und Erfahrungen aus der Erwachsenenbildung wider und treffen daher Tendenzaussagen hinsichtlich des Kommunikations- und Interaktionsverhaltens der Geschlechter. Weder die Thesen noch die von den Teilnehmenden erlebten oder beschriebenen Differenzen im Kommunikations- und Interaktionsverhalten zwischen Frauen und Männern sollten als geschlechtsspezifisch im biologischen Sinne verstärkt, sondern im Gegenteil als sozial konstruiert erkannt werden. Es muss herausgearbeitet werden, dass die Bewertung von Kommunikations- und Interaktionsverhalten nicht entlang von Geschlechterzuschreibungen erfolgen darf, sondern kontextbezogen und situationsadäquat.

Kommunikationsverhalten von Männern und Frauen (Thesen)

► Männer und Frauen kommunizieren unterschiedlich.

► Männer sprechen über andere Themen als Frauen, Männer eher über Dinge und Tätigkeiten, Frauen bevorzugt über Menschen und Gefühle.

► Frauen nehmen die EmpfängerInnenrolle ernster, hören aufmerksam zu und gehen auf das Gesagte ein.

► Männer zeigen weniger nonverbale Reaktionen.

► Kommunikation ist sehr störanfällig. Kommunikation findet zwischen Gleichgesinnten einfacher statt.

► Während Männer sich aneinander messen wollen, favorisieren Frauen integrative Teamarbeit und kooperative Orientierungen.

► Männer tun sich schwerer als Frauen, Schwierigkeiten in der Team- bzw. Kooperationsfähigkeit zu erkennen.

► Dialog-Strukturen entstehen durch Vertrauen und gemeinsame Regeln sowie Verbindlichkeiten in der Kommunikation.

10. Geschlechterdialog:
„Männer verhalten sich anders, Frauen auch"

Zielgruppe(n):   Alle Beschäftigtengruppen

Ziel: Sensibilisierung für unterschiedliche Kommunikations-
und Interaktionsformen sowie unterschiedliche Arbeits-
formen von Frauen und Männern (in ihrer Vielfalt)

Methode: Flüsterecken, Flüstergruppen

Auftrag: Im Raum liegen verschiedene Thesen zum Gruppenverhalten aus (Anregungen nächste Seite). Die Teilnehmenden werden aufgefordert, sich die These auszusuchen, die sie am meisten anspricht – entweder, weil sie
ihr zustimmen oder weil sie diese ablehnen. In der Flüs-
tergruppe sollen sich die Teilnehmenden über ihre Ansichten aus tauschen.

Auswertung: Fragen für ein gemeinsames Gespräch:
1. Warum haben Sie (jeweils) die These ausgewählt?
2. Welche Themen haben Sie in Ihrer Flüsterecke angesprochen?
3. Gibt es Situationen in Ihrem Arbeitsalltag, in denen
Sie Aspekte der Thesen wiederfinden?
4. Wie könnten Regeln aussehen, damit eine andere
Form des gemeinsamen Arbeitens der Geschlechter entstehen kann?

Dauer: 20 Minuten Flüsterecken, 30 Minuten Auswertung

Materialien: 4-5 Thesen zu Kommunikation auf Flipchartpapier

Anmerkungen: Die Diskussion über die Thesen regt häufig zu kontroversen Debatten an, da sie zum Teil als Geschlechterstereotype interpretiert werden, von denen männliche
oder weibliche Teilnehmende sich abgrenzen wollen.

Die Thesen spiegeln Ergebnisse und Erfahrungen aus der Erwachsenenbildung wider und treffen daher Tendenzaussagen hinsichtlich des Verhaltens der Geschlechter in Gruppen. Weder die Thesen noch die von den Teilnehmenden erlebten oder beschriebenen Differenzen im Gruppenverhalten sollten als geschlechtsspezifisch im biologischen Sinne verstärkt, sondern im Gegenteil als sozial konstruiert erkannt werden. Es muss herausgearbeitet werden, dass die Bewertung von Gruppenverhalten nicht entlang von Geschlechterzuschreibungen erfolgen darf, sondern kontextbezogen und situationsadäquat.[21]

Verhalten, das Männern in rein männlichen Gruppen zugeschrieben wird

▶ Generalisieren, für andere sprechen

▶ Von einem Thema zum anderen springen

▶ Aufgaben- und Sachorientierung

▶ Wettbewerbsorientierung in der Gruppe. Wer ist der Überlegene?

▶ Bringen ihren Ärger leicht zum Ausdruck

▶ Zeigen Stärke und verstecken Schwäche

▶ Erzielen Gemeinsamkeit durch Austausch über Ereignisse und Witze

▶ Bemessen Identität und Status nach Leistung

▶ Stehen nicht zu ihren Gefühlen; Gefühle werden geleugnet oder unterdrückt

▶ Schieben die Schuld gerne anderen zu

---

[21] Zum Weiterlesen empfehlen wir z.B. Christa M. Heilmann: Frauensprechen. Männersprechen. Geschlechtsspezifisches Sprechverhalten. München 1999.

Verhalten, das Frauen in rein weiblichen Gruppen zugeschrieben wird

▶ Äußern sich persönlich, sprechen für sich selbst

▶ Thematisieren auch Gefühle; Selbstenthüllungen

▶ Prozessorientierung

▶ Erzielen Nähe durch Diskussion und durch Gespräche über sich selbst und Persönliches

▶ Nehmen sich gegenseitig war – Identität und Status basieren auf Beziehungen

▶ Diskutieren länger über ein Thema

▶ Zeigen Kooperation; wollen anderen in der Gruppe gefallen; bieten Hilfe an

▶ Zeigen Schwächen und Verletzlichkeit, verstecken oder halten Stärke zurück

▶ Drücken Ärger nur schwer aus

▶ Zeigen Gefühle

▶ Verbalisieren ihre Gefühle

▶ Machen sich für Fehler verantwortlich

Geschlechter- und Machtverhältnisse in Gruppen

▶ Männer beanspruchen mehr Redezeit

▶ Frauen werden sehr viel häufiger von Männern unterbrochen

▶ Beiträge von Männern und Frauen werden unterschiedlich bewertet und gewichtet

▶ Vorschläge von männlichen Gruppenmitgliedern werden mehr beachtet

▶ Themen von weiblichen Gruppenmitgliedern werden weniger gewichtet

▶ Frauen leisten mehr kommunikative Unterstützungsarbeit

▶ Frauen starten oft mit verbalen Rückziehern. Männer kommen schneller zur Sache

▶ Lautstärke und Länge von Gesprächsbeiträgen unterscheiden sich: Frauen sprechen leiser, fassen sich oft kürzer

▶ Geschlechtshomogene Gruppen können dazu genutzt werden, andere Verhaltensmöglichkeiten und andere Umgangsformen zu entwickeln

11. Von der Konfrontation zum Dialog

Zielgruppe(n):	Alle Beschäftigtengruppen
Ziel:	Erarbeiten von Rahmenbedingungen für einen konstruktiven Dialog, unterschiedliche gender-bezogene Herangehensweisen miteinander verbinden
Methode:	Arbeit in geschlechtshomogenen Gruppen
Auftrag:	Erarbeiten Sie Voraussetzungen und Rahmenbedingungen für konstruktive Geschlechterdialoge auf den unterschiedlichsten Ebenen:

1. Persönliche Ebene

2. Organisationsinterne Ebene, z.b. Team, Arbeitsgruppen, Abteilungen

3. Organisationspolitische Ebene

4. Politische bzw. gesellschaftspolitische Ebene

Halten Sie Ihre Ergebnisse auf dem Flipchart oder der Wandzeitung fest.

Auswertung:	Präsentation der Ergebnisse im Plenum und Auswertung unter den Aspekten:

– Gibt es Unterschiede zwischen den Vorschlägen aus Männergruppen und denen aus Frauengruppen?

– Wie kann man mit möglicherweise vorhandenen Ungleichzeitigkeiten im Dialog zwischen Männern und Frauen umgehen?

Dauer:	30-45 Minuten Arbeitsgruppen, 30-45 Minuten Auswertung
Materialien:	Flipchart oder Wandzeitung, dicke Stifte, Arbeitsauftrag auf Flipchart

Anmerkungen:	Die Übung kann zur Vertiefung der Übungen zum Ge-
	schlechterdialog („Männer reden bzw. verhalten sich
	anders", „Frauen auch") eingesetzt werden.

Anmerkungen zum Gender-Dialog siehe Seite 72f. in diesem Buch.

12. Gender in der Projektberatung

Zielgruppe(n):	Projektgruppen und Teams aus Organisationen, die öffentliche Mittel beantragen oder erhalten Multiplikator/innen, Berater/innen
Ziel:	Gender-bezogenen Perspektivenwechsel üben Gender-bezogene Beratungs- oder Verhandlungskompetenz stärken
Methoden:	Kurze Einzelarbeit: Perspektivenwechsel, Plenumsgespräch
Arbeitsauftrag:	Stellen Sie sich vor, morgen früh kommt eine Delegation eines Ministeriums zu Ihnen ins Büro. Die Delegation ist männlich besetzt. Sie will mit Ihnen einen Projektantrag, den Sie an das Ministerium gestellt haben, besprechen. Im Rahmen des Projektes soll Gender Mainstreaming umgesetzt werden. Im Telefonat konnten Sie erkennen, dass die Vertreter eigentlich nicht so recht wussten, was „Gender-Mainstreaming-Prinzip" bedeuten könnte.

Versetzen Sie sich zur Vorbereitung auf dieses Gespräch für einige Minuten in die Situation dieser männlichen Vertreter:

- Welche Vorerfahrungen bringen diese Männer mit?
- Welche männlichen Rollen werden sie verkörpern?
- Welche Bilder über Frauen- und Männerrollen haben sie im Kopf?
- Über welches Wissen zu Geschlechterfragen verfügen sie?
- Welche Fragen werden die Vertreter an Sie als Projektvertreter/innen stellen?

Auswertung:	1. Werkstattgespräch im Plenum zu den Phantasien und Überlegungen
	2. Reflexion des eigenen gender-bezogenen Fachwissens und der eigenen Geschlechterrollenbilder: Was ist mein gender-bezogener Projektansatz? Welche Geschlechterrollenbilder habe ich im Kopf? Wo schreibe ich selbst Geschlecht zu? Was sind meine Erfahrungen? Was weiß ich tatsächlich über die „Ministeriumsmänner"?
Dauer:	60 Minuten
Materialien:	Fragen auf Flipchart oder Wandzeitung

1.3 Fachliche Umsetzung

1. Gender-Analyse „Arbeitsplatz"

Zielgruppe(n):	Alle Beschäftigtengruppen
Ziel:	Gender-orientierte Analyse der eigenen Arbeitsaufgaben durchführen und erste Schritte zur Integration von Gender am Arbeitsplatz entwickeln
Methode:	Einzel- oder Gruppenarbeit, kollegiale Beratung
Auftrag:	Erstellen Sie einen Überblick darüber, was in Ihrer Abteilung zum Thema „Gender" bzw. zur Gender-Orientierung bereits getan wird. Nutzen Sie dazu die Leitfragen zur Gender-Analyse „Arbeitsplatz". Überlegen Sie nun, in welchem Bereich, Projekt oder Arbeitsgebiet Sie etwas gender-orientiert verändern wollen.
Auswertung:	Präsentation der Ergebnisse und kollegiale Beratung
Dauer:	Zwischen 1,5 und 3 Stunden
Materialien:	Leitfragen zur Gender-Analyse „Arbeitsplatz" als Handout
Anmerkungen:	Manchen Teilnehmendengruppen fällt es schwer, sich alleine mit den Leitfragen auseinanderzusetzen, ihre Situation zu reflektieren. Deshalb bieten wir immer auch die Möglichkeit an, sich in Gruppen mit ähnlichem Aufgabenprofil zusammenzufinden. Dadurch sinkt der Druck, der bei Einzelnen entsteht.

Leitfragen zur Gender-Analyse „Arbeitsplatz"

Arbeitsgebiet	• Was sind Ihre spezifischen Arbeitsgebiete und Ihre Arbeitsaufgaben bzw. thematischen Schwerpunkte? • Woran arbeiten Sie zur Zeit ganz konkret?
Ziele	• Was sind die Ziele in den jeweiligen Arbeitsaufgaben, Themenschwerpunkten oder dem Projekt? • Welche Ziele verbinden Sie mit dem Arbeitsschwerpunkt, dem Themenschwerpunkt oder dem Projekt, an dem Sie zur Zeit gerade arbeiten?
Identifikation von Gender- und kulturellen Dimensionen	• Welche gender- und kulturspezifischen Dimensionen können Sie in Ihren Aufgabengebieten und Themenschwerpunkten erkennen? • Wie werden Männer und Frauen implizit oder explizit angesprochen? • Wo sind Frauen und Männer in ihrer Vielfalt und kulturellen Diversität (Gender Diversity) implizit oder explizit beteiligt? • Wie könnten Frauen und Männer in ihrer Vielfalt durch die arbeitsspezifischen Maßnahmen unterschiedlich erreicht werden? • Sind Frauen und Männer in ihrer Vielfalt unterschiedlich betroffen bzw. wirkt die Maßnahme unterschiedlich?
Maßnahmen	• Welche Gender- und kulturbezogenen Daten brauchen Sie, um in Ihrem Arbeitsgebiet gender- und kulturorientiert arbeiten zu können? • Wie können Sie Ihre jeweiligen Fachaufgaben mit den Analysekategorien Gender und Kultur anreichern? • Welche Qualitätsverbesserung erzielen Sie mit diesem Ansatz? • Welchen Nutzen haben die Zielgruppen von der Anwendung von Gender und Kultur als Analysekategorien?
Rahmenbedingungen	• Welche Bedingungen sind förderlich, um Gender und Kultur anzuwenden? • Was sind Hindernisse in der Organisationsstruktur? • Welche weitere Unterstützung brauchen Sie?

2. Gender-orientierte Projektplanung (GOPP)

Zielgruppe(n):	Projektgruppen, Teams, Führungskräfte(nachwuchs)
Ziel:	Teilnehmende mit dem Instrument der gender-orientierten Projektplanung (GOPP) vertraut machen und die Anwendung an einem Beispiel aus der eigenen Praxis üben
Methode:	Arbeit in Gruppen
Auftrag:	Im Plenum werden zunächst Projekte aus den Arbeitsbereichen der Teilnehmenden gesammelt, die unter Anwendung von GOPP bearbeitet werden könnten. Es werden dann drei bis vier Fallbeispiele (abhängig von der Teilnehmendenzahl und deren Interessen) ausgewählt.
	Die Arbeitsgruppen bearbeiten ihr Fallbeispiel entlang des GOPP-Rasters und halten ihre Ergebnisse auf Karten oder einer Pinnwand fest.
Variante:	Die Gender-Trainer/innen gehen entweder für eine bestimmte Zeit als Genderexpert/innen in die Arbeitsgruppen oder werden von diesen als sogenannte „Flying Experts" geholt.
Auswertung:	Im Plenum werden die Ergebnisse vorgestellt und kollegial beraten. Die Auswertung erfolgt entlang der folgenden Fragestellungen:

– Welche Ansatzpunkte gibt es in dem Fall?

– Welche Schwierigkeiten gibt es?

– Welche Unterstützung ist noch nötig?

Dauer:	60-90 Minuten Arbeitsgruppen, 45-60 Minuten Auswertung

Materialien:	Rechteckige Metaplankarten, Nadeln, Pinnwand, dicke Stifte
Anmerkungen:	Wenn es die Teilnehmenden nicht gewöhnt sind, mit Planungsrastern zu arbeiten bzw. kein systematisches Projektmanagement beherrschen, muss für diese Übung viel Zeit eingeplant werden. Wenn möglich, sollten die Teilnehmenden vorab Fallbeispiele benennen und Projektskizzen zur Verfügung stellen, damit das Trainingsteam diese gender-orientiert aufbereiten kann. Ohne entsprechende Vorbereitung braucht es viel Erfahrung mit dem Instrument und den Arbeitsfeldern der Teilnehmenden (Fach- und Feldkompetenz), um als „Flying Expert" in die Arbeitsgruppen zu gehen.

Übersicht: Gender-orientierte Projektplanung (GOPP)

Planungselement	Inhalt
Maßnahme oder Projekt	Kurzbeschreibung der Maßnahme oder des Projektgegenstandes
Bestandsaufnahme	Gender-Analyse der Ausgangsbedingungen der Maßnahme oder des Projektes
Zielformulierung	Beschreibung der Ziele der Maßnahme oder des Projektes Formulierung geschlechterpolitischer und gender-bezogener Ziele
Zielgruppe(n)analyse	Gender-differenzierte Beschreibung der Zielgruppe(n) der Maßnahme oder des Projektes
Ansatzpunkte	Beschreibung der Handlungsmöglichkeiten, die sich zur Erreichung der Ziele in Bezug auf die Zielgruppen ergeben. Welche geschlechterpolitischen und gender-bezogenen Ansatzpunkte gibt es?
Indikatoren	Welche Messgrößen gibt es, die die Erreichung der Zielsetzungen belegen?
Instrumente und Methoden	Welche Methoden und Instrumente sollen eingesetzt werden? Welche geschlechterpolitischen und gender-bezogenen Instrumente können angewendet werden?
Rahmenbedingungen	Unter welchen Rahmenbedingungen und gegebenenfalls Restriktionen findet die Umsetzung der Maßnahme oder des Projektes statt?
Anforderungen und Unterstützung	Welche Gender-Kompetenz wird benötigt, um die Maßnahme oder das Projekt geschlechterdemokratisch und gender-bezogen entwickeln zu können? Welche Unterstützung ist gewünscht?

3. Erarbeitung von Gender-Leitfragen

Zielgruppe(n):	Steuerungs- bzw. Lenkungsgruppen, Projektgruppen, Führungskräfte
Ziel:	Leitfragen als Arbeitshilfe für die gender-orientierte Projektarbeit für die eigene Organisation entwickeln
Methode:	Arbeit in geschlechtsheterogenen Gruppen
Auftrag:	Stellen Sie fünf Leitfragen zusammen, anhand derer in Ihrer Organisation Gender im Rahmen von Projekten berücksichtigt und integriert werden soll.
Auswertung:	Präsentation der Ergebnisse aller Arbeitsgruppen im Plenum. Anschließend werden aus Sicht der Teilnehmenden die fünf praktikabelsten Leitfragen als erste verbindliche Orientierung für die Organisation ausgewählt und zusammengestellt. Weiterführende Fragen sind:

– Welche Möglichkeiten sehen Sie, diese Leitfragen in den nächsten Monaten anzuwenden?
– Welche Rahmenbedingungen und welche Unterstützung sind im Unternehmen dazu notwendig?

Dauer:	30-45 Minuten Arbeitsgruppen, 30-45 Minuten Auswertung
Materialien:	Flipchart oder Wandzeitung, dicke Stifte
Anmerkungen:	Für die Berücksichtigung von Gender in der Organisationspraxis gibt es inzwischen viele unterschiedliche Leitfäden, Arbeitshilfen und Frageraster. Diese können gute Anregungen für die eigene Organisation geben, sind aber in der Regel nicht direkt übertragbar. Instrumente – wie z.B. Leitfragen – müssen immer an die Organisation(skultur) und die dort arbeitenden Menschen ange-

passt werden. Die gemeinsame Erarbeitung solcher Arbeitshilfen stärkt die Motivation, diese Instrumente auch später anzuwenden.[22]

Beispiel für Gender-Leitfragen:

1. Auf welcher Datenbasis wird das Projekt bearbeitet?

2. Gibt es gender-spezifisch aufbereitete Daten?

3. Wie sind Männer und Frauen in das Projekt integriert?

4. Welche Ziele werden mit dem Projekt verfolgt?

5. Welche gleichstellungspolitischen Ziele können formuliert werden?

6. Welche Auswirkungen haben die Sachverhalte auf die Lebenswirklichkeiten von Männern und Frauen?

7. Welche Auswirkungen haben die Sachverhalte auf die Beteiligung von Männern und Frauen, welche auf die zur Verfügung stehenden Ressourcen von Männer und Frauen?

8. Welche Unterstützung ist notwendig, damit der vorliegende Sachverhalt weiter gender-bezogen bearbeitet werden kann?

---

[22] Anregungen dazu finden sich in der Broschüre „Gender-Mainstreaming-Praxis. Arbeitshilfen zur Anwendung der Analysekategorie „Gender" in Gender-Mainstreaming-Prozessen". Hrsg. von der Heinrich-Böll-Stiftung, Berlin 2005.

4. Anwendung von Gender-Analyse-Instrumenten

Zielgruppe(n):   Projektgruppen, Teams, Führungskräfte(nachwuchs)

Ziel: Teilnehmende lernen Gender-Analyse-Instrumente kennen und üben die Anwendung einzelner Instrumente an einem Beispiel aus der eigenen Arbeitspraxis

Methode: Arbeit in geschlechtsheterogenen Gruppen, die abteilungs- oder themenspezifisch zusammengesetzt werden

Auftrag: Bearbeiten Sie anhand der beiliegenden Arbeitsblätter ein Fallbeispiel aus Ihrer (Fach-)Abteilung. Als Instrumente stehen zur Wahl:

1. 3-R-Methode

2. Gender-Budget-Analyse

3. Gender Impact Assessment

4. 6-Schritte-Methode

Auswertung: Im Plenum werden die Ergebnisse vorgestellt und kollegial beraten. Die Auswertung erfolgt entlang der Fragestellungen:

   – Welche Ansatzpunkte gibt es in dem Fall?

   – Welche Schwierigkeiten gibt es?

   – Welche Unterstützung ist noch nötig?

Dauer: 45-60 Minuten Arbeitsgruppen, 45-60 Minuten Auswertung

Materialien: Arbeitsblätter zu den Instrumenten (siehe Seite 27 ff.), Flipchart oder Wandzeitung, Pinnwände

Anmerkungen: Vor der Gruppenarbeit müssen die Instrumente und deren Einsatzzwecke vorgestellt werden. Dafür ist ausreichend Zeit einzuplanen. Wenn es die Teilnehmenden nicht gewöhnt sind, mit Planungsrastern zu arbeiten bzw. kein systematisches Projektmanagement beherrschen, brauchen sie Unterstützung durch das Gender-Trainingsteam als „Flying-Experts". Wenn möglich, sollten die Teilnehmenden vorab Projektskizzen zu den Fallbeispielen zur Verfügung stellen, damit das Trainingsteam diese gender-orientiert aufbereiten kann. Ohne entsprechende Vorbereitung braucht es viel Erfahrung mit den Instrumenten und den Arbeitsfeldern der Teilnehmenden (Fach- und Feldkompetenz), um als „Flying Expert" in die Arbeitsgruppen zu gehen.

5. Gender-orientierte Veranstaltungsplanung in der Bildungsarbeit

Zielgruppe(n): Mitarbeitende aus der (Fort- und Weiter-)Bildungsarbeit

Ziel: Erfahrungen sammeln in der Gestaltung von gender-orientierten Bildungsmaßnahmen, gender-orientierte Arbeitshilfen kennenlernen

Methode: Gruppenarbeit oder Arbeit im Gender-Team

Auftrag: Die Teilnehmenden werden im Vorfeld gebeten, Projektskizzen oder -ideen zu geplanten Bildungsmaßnahmen mitzubringen. Alternativ kann auch spontan ein Thema für eine Veranstaltung gewählt werden, wenn mehrere Teilnehmende daran arbeiten möchten.
In den Arbeitsgruppen werden diese Projektskizzen oder -ideen kurz vorgestellt und entlang einer der zur Verfügung stehenden Arbeitshilfen bearbeitet.

Auswertung: Beschreibung des Gruppenprozesses bzw. der Teamarbeit
Präsentation der Ergebnisse
Besprechung der sich daraus ergebenden fachlichen Fragestellungen

Dauer: 30-60 Minuten Arbeitsgruppen, abhängig von den gewählten Arbeitshilfen
60-90 Minuten Auswertung, abhängig von der Anzahl der Arbeitsgruppen

Materialien: Arbeitshilfen als Handout, Flipchart oder Wandzeitungspapier, dicke Stifte

Anmerkungen: Vor der Gruppenarbeit müssen die Arbeitshilfen und deren Einsatzzwecke vorgestellt werden. Dafür ist ausreichend Zeit einzuplanen. Wenn möglich, sollten die Teilnehmenden vorab Projektskizzen zur Verfügung stellen, damit das Trainingsteam diese gender-orientiert aufbereiten kann. Ohne entsprechende Vorbereitung braucht es viel Erfahrung mit den Instrumenten und den Themenfeldern der Teilnehmenden (Fach- und Feldkompetenz), um in der Auswertung ausreichend beraten zu können.

Arbeitshilfen für die Projekt- und Veranstaltungsplanung:

a) Leitfaden für eine gender-orientierte Veranstaltungsplanung

Bedarfsanalyse	Wer hat welche Bedarfe? Welche Bedarfe haben Männer und Frauen in ihrer Vielfalt?
Ziele	Welche gender-differenzierten Ziele können formuliert werden?
Inhalte	Inhaltliche Planung der Veranstaltung, Festlegen der Veranstaltungsform Ausgehend von der Bedarfsanalyse müssen gender-bezogene Aspekte überlegt werden: Gibt es unterschiedliche Interessenlagen bei dem Thema? Welche Veranstaltungsform passt zu meiner (gender-differenziert analysierten) Zielgruppe? etc.
Methodik und Didaktik	Welche geschlechtergerechten Methoden bzw. welches didaktische Konzept passen zum Inhalt und zu der Zielgruppe?
Erfolgskriterien	Wann ist die Veranstaltung erfolgreich? Zielevaluation: Haben Sie Ihr Ziel erreicht? Prozessevaluation: Entspricht der Verlauf Ihren eigenen Ansprüchen? Output-Evaluation: Entspricht die Veranstaltung den Ansprüchen der Nutzerinnen und Nutzer?

b) Leitfragen zur Bestandsaufnahme, Planung und Evaluierung von Projekten aus geschlechterdemokratischer Sicht

Bestandsaufnahme	1. Allgemeine Angaben, aufgeschlüsselt nach Geschlecht: – Welche geschlechterbezogenen Daten liegen der Entwicklung des Projektes zugrunde? 2. Gender-Analysen – Wer macht was? (Analyse der Arbeitsteilung) – Wer hat Zugang zu was? (Analyse der Ressourcen) – Wer kontrolliert was? (Analyse der Kontrolle über Ressourcen) – Wer entscheidet was? (Analyse der Entscheidungsprozesse) – Wer braucht was? (Analyse der verschiedenen Bedürfnisse)
Allgemeine Zielsetzungen	1. Werden Gender-Aspekte in den allgemeinen Projektzielen formuliert? 2. Werden diese explizit oder nur implizit formuliert? Wenn sie implizit sind, wie wird dies deutlich?
Zielgruppen	1. Ist die Zusammensetzung der Zielgruppe geschlechterdifferenziert ausgewiesen? 2. Gibt es unter den Zielgruppen begünstigte Männer oder Frauen(-gruppen)? 3. Womit werden Begünstigungen gegebenenfalls begründet?
Auswertung	1. Evaluation des Projektverlaufes und der Projektergebnisse nach vorab festgelegten genderdifferenzierten Kriterien. 2. Welche gender-differenziert aufbereiteten Daten werden gebraucht?

c) Geschlechterdemokratische Ansätze in der politischen Bildungsarbeit[23]

Bestandsaufnahme	
	1. Wie hoch ist der Anteil von Veranstaltungen, die sich explizit mit frauenpolitischen, geschlechterpolitischen und männerspezifischen Themenstellungen beschäftigen?
	2. Wie hoch ist der Anteil der finanziellen Mittel, die in diese Veranstaltungen fließen?
	3. Wie hoch ist der Anteil von Veranstaltungen, die genderdifferenziert aufbereitet sind, d.h. Veranstaltungen, in denen gender-differenzierte Zugänge von vornherein eingearbeitet sind?
	4. Wie hoch ist der Anteil von finanziellen Mitteln, die in diese Veranstaltungen fließen?
	5. Wer ist an der Planung und Vorbereitung dieser Veranstaltungen beteiligt? Über welche fachliche Gender-Kompetenz verfügen diese Personen? Wie werden diese gegebenenfalls vorbereitet?
	6. Welche Zielgruppen sollen durch die politische Bildungsveranstaltung angesprochen werden? Werden diese in der Vorbereitung gender-bezogen differenziert?
	7. Wie werden die Moderatorinnen und Moderatoren auf genderdifferenzierte Inhalte und Aspekte der politischen Veranstaltung hingewiesen und gegebenenfalls gezielt vorbereitet?
	8. Wird von den Referentinnen und Referenten erwartet, dass sie ihre Inhalte gender-differenziert aufbereiten?
	9. Wie hoch ist der Anteil von Männern und Frauen an den Referierenden? Werden gezielt Frauen für Fachreferate angesprochen und Männer für gleichstellungspolitische Fragestellungen?
	10. Werden die Honorare für Moderatorinnen und Moderatoren bzw. Referentinnen und Referenten gender-differenziert analysiert?

---

[23] In Anlehnung an Barbara Stiegler 2000. Modifiziert von Angelika Blickhäuser und Henning von Bargen.

	11. Gibt es eine spezielle Unterstützung zur Begleitung von Gender-Mainstreaming-Prozessen und der Transferbegleitung?
Ziele definieren und festschreiben	1. Männer und Frauen haben gleiche Partizipationschancen: als Teilnehmende von Veranstaltungen, als Referierende, als Fachleute, als Moderatorinnen und Moderatoren. 2. Die Fachinhalte sind gender-differenziert von den Vortragenden aufbereitet. 3. Falls dieses Wissen nicht vorhanden ist, werden genderdifferenzierte Zugänge und Fragestellungen ermittelt. 4. Spezifische Angebote für männliche und weibliche Zielgruppen werden ermittelt. Diese sollen begründet werden.
Maßnahmen entwickeln	1. Jedes Projekt wird in der Konzeptphase gender-differenziert analysiert. 2. Aufgrund der Analyse werden spezifische Maßnahmen oder Zugänge entwickelt und gender-spezifische Instrumente eingesetzt. 3. Gender-Kompetenz bzw. Gender-Expertise ist gezielt einzubeziehen. 4. Die Auswahl von Moderatorinnen und Moderatoren, Referentinnen und Referenten erfolgt nach vorab entwickelten Kriterien.
Auswertung der eigenen Arbeit unter genderdifferenzierten Aspekten	1. Welche Ziele und welche implizierten oder daraus abgeleiteten Gender-Aspekte hatte das Projekt? 2. Welche Maßnahmen wurden entwickelt? Welche Kriterien des Erfolgs wurden festgelegt? 3. Wie wird die Maßnahme nach Ablauf bewertet? 4. Welche Gründe können für Erfolge, Teilerfolge und Misserfolge analysiert werden? 5. Schlussfolgerungen für weitere politische Bildungsprojekte.

d) Planungsraster „Gender-orientierte politische Bildungsarbeit"
(Heinrich-Böll-Stiftung)

Projekttitel	• Projektart • Termin • Ort • Erwartete Zahl der Teilnehmenden • Projektgruppe • Projektverantwortliche/r • Projektsachbearbeitung
Finanzen	• Budgetart • Termin • Budget: a) geplant mit ….b) verausgabt bis … • Dokumentation der Abweichung • Kooperationen / Sponsoring
Inhalt	• Projektbeschreibung • Politisch / kulturelle Zielstellung • Gender-politische Fragestellungen • Interkulturelle Fragestellungen • Zielgruppen: gender-differenziert • Entwicklungsstand • Problemanzeigen
Evaluation	• Zahl der Teilnehmenden • Presse-Echo • Gender-Aspekte

e) Leitfaden zur gender-orientierten Veranstaltungsplanung (Heinrich-Böll-Stiftung)

Bedarfsanalyse	• Anlass • Zielklärung mit gender-differenzierter Zielbeschreibung für das Projekt • Inhaltliche Planung und Festlegen der Veranstaltungsform • Organisation, Veranstaltungsmanagement • Methodik und Formen (gender-differenzierte Methoden) • Öffentlichkeitsarbeit
Inhaltliche Planung	Anwendung des Planungsrasters: Gender-orientierte Projektplanung (GOPP) Oder: • Welche Botschaften werden durch die Veranstaltung vermittelt? • Wurde bei der inhaltlichen Festlegung geklärt, welche unterschiedlichen gender-differenzierten Zugänge möglich sind? • In welchem Zusammenhang steht die Veranstaltung zur Gemeinschaftsaufgabe Geschlechterdemokratie? • Wurde in den Planungsgruppen (Programmteam, Kooperationspartner/innen; Vorstand) die Zielbestimmung genderbezogen geklärt? • Welche Expertinnen und Experten wurden bei offenen Fragen hinzugezogen? • Wie wurden die Zielgruppen der Veranstaltung beschrieben? Gibt es unterschiedliche Interessen von männlichen und weiblichen Zielgruppen? • Welche der ausgewählten Zielgruppen könnten interessant für das Angebot sein, sind aber schwer erreichbar? Welche besonderen Maßnahmen werden ausprobiert? Welche Methoden werden zur Ermittlung von Zielgruppen (Gender Diversity) und deren Interessen und Bedürfnisse angewandt?
Methodisch und didaktisch	• Anwendung der Leitfragen zur gender-orientierten Methodik und Didaktik (vgl. Blickhäuser / von Bargen (2005): Gender-Mainstreaming-Praxis)

	Oder: • In welcher Form wird die Veranstaltung durchgeführt? • Wird die Lebens- und Alltagswelt der Teilnehmenden in den Prozess einbezogen, und wenn ja, auf welche Weise? • Nach welchen Kriterien wurden die Ziele und Inhalte festgelegt? • Wie wird die Wechselwirkung zwischen Zielgruppe/n und konzeptioneller Ausrichtung beschrieben? • Wie wird die Moderation festgelegt? • Wie wird die Moderation auf die Gender-Kriterien vorbereitet? Inhaltlich, Gleichgewicht der Redebeiträge von Männern und Frauen etc. • Wie werden die Kommunikationsbeziehungen gestaltet? • Welche Referentinnen und Referenten wurden nach welchen Kriterien ausgewählt? • Wie werden die Referentinnen und Referenten auf die Wahrnehmung gender-spezifischer Perspektiven in ihren Beiträgen vorbereitet? • Welche Methoden werden angewandt, um mit besonderen Zielgruppen in Kontakt zu kommen? Ist ein Methodenwechsel vorgesehen? • Ist die Veranstaltung eher handlungsorientiert, erfahrungsbezogen oder sachorientiert aufgebaut?
Veranstaltungs- management	• Erreichbarkeit mit öffentlichen Verkehrsmitteln • Beschilderung • Kinderbetreuung • Ästhetik – gibt es gender-spezifische Zugänge? Lernkulturen? • Bestuhlung: Hufeisen, Sitzreihen, Sitzkreis mit Tischen, ohne Tische etc. • Technische Hilfsmittel: Overheadprojektor, Video, Pinnwände, Moderationskoffer • Tischvorlagen, Teilnehmendenunterlagen • Ansprechpartner/in
Öffentlichkeitsar- beit	• Wurde in der Öffentlichkeitsarbeit auf die unterschiedlichen und in sich differenzierten Zielgruppen Bezug genommen? Wurden Männer bei sogenannten Gender-Fragen gezielt angesprochen? Wurden Frauen gezielt angesprochen?

	• Wurden die gender-spezifischen inhaltlichen Zugänge in der Öffentlichkeitsarbeit adäquat vermittelt? • In welchen Medien wurde auf die Veranstaltung hingewiesen? Gibt es unterschiedliche Zugänge der Zielgruppe(n) zu diesen Medien? • Transparenz
Schlussfolgerungen	Die Verfahren, auf denen die Interpretationen der Ergebnisse unter Berücksichtung der Gender-Analysen beruhen, werden sorgfältig beschrieben, damit gender-orientierte Maßnahmen weiter entwickelt werden können.
Erfolgskriterien	• Ein Projekt ist erfolgreich, wenn Programmziele, Prozessziele oder institutionelle Leitziele, in diesem Fall Geschlechterdemokratie, aufeinander abgestimmt werden • Zielevaluation: Überprüfung der explizit und implizit formulierten gender-differenzierten Ziele • Prozessevaluation: Entspricht der Verlauf der Maßnahme den eigenen Ansprüchen? • Produktevaluation: Entsprechen die Ergebnisse der Maßnahmen den eigenen Ansprüchen? • Output-Evaluation: Entspricht die Maßnahme den Ansprüchen der Nutzerinnen und Nutzer (Prozess oder Produkt)? • Wann ist ein Projekt unter gender-bezogenen Aspekten erfolgreich?
Evaluationsbericht	• Was waren die zentrale Fragestellungen, verknüpft mit Gender-differenzierten Analysen und Aspekten? • Was sollte mit der Maßnahme unter (gender-differenzierter Fragestellung) erreicht werden? • Beschreibung der konkreten Maßnahme • Welche gender-orientierten Methoden und gender-orientierten Instrumente wurden angewandt? • Schlussfolgerungen

2 Für Gender sensibilisieren

2.1 Einstiegsübungen für Gender-Workshop und Gender-Training

1. Einstieg mit Soziogramm

Zielgruppe(n):   Alle Beschäftigtengruppen

Ziel: Locker, aber themenbezogen in den Workshop einsteigen, Orientierung für alle geben, erstes Kennenlernen, Vorerfahrungen mit Gender abfragen

Methode: Aufstellung im Raum (Soziogramm)

Vorgehen: Die Teilnehmenden werden gebeten, sich entsprechend der gestellten Fragen im Raum bzw. in einer Ecke zu positionieren (Raumecke und zugehörige Kategorie werden vorher festgelegt und jeweils angesagt):

– Wer kommt aus dem Süden, dem Norden, dem Westen, dem Osten? – Aufstellung nach Geburtsregion
– Aufstellung nach Geschlecht
– Aufstellung nach Alter: bis 30, bis 45, bis 60, über 60
– Wer hat Kinder, wer hat keine Kinder?
– Wer hat Erfahrungen mit Gender-Politik?
(Aufstellen auf einer im Raum gedachten Linie mit einer Skala von -5 (keine Erfahrung) bis +5 (viel Erfahrung)

Einzelne Teilnehmende werden kurz befragt, z.B. aus welchem Ort sie kommen, wie viel Kinder sie haben oder warum sie sich auf der Skala wie positioniert haben. Die Teilnehmenden stellen sich jeweils auch kurz vor (Name, Organisation bzw. Abteilung).

Dauer: Max. 10-15 Minuten, abhängig von der Gruppengröße

Materialien: Gegebenenfalls beschriftete Karten zur Visualisierung der Skala oder der Kategorien in den Raumecken (zum Beispiel Nord / Süd / West / Ost)

Anmerkungen: Diese Einstiegsübung kann vielfach variiert werden, zum Beispiel indem weitere Fragen zur Lebenssituation oder aus dem Berufsfeld gestellt werden. Es können auch Thesen zum Thema des Workshops (visualisiert auf einem Flipchart) vorgelesen werden, woraufhin sich die Teilnehmenden erneut auf einer imaginären Skala von 0 (trifft nicht zu) bis 10 (trifft voll zu) positionieren sollen. In der hier vorgestellten Version gibt diese Übung bereits einen kleinen Einblick über verschiedene gender- und diversity-bezogene Aspekte, an die im Verlauf des Workshops noch einmal angeknüpft werden kann.

2. Herz und Mülltonne

Zielgruppe(n):   Alle Beschäftigtengruppen, weniger für Führungskräfte geeignet

Ziel: Kennenlernen, Klären der Erwartungen, Abgleich der Erwartungen mit dem geplanten Programm

Methode: Kartenabfrage

Vorgehen: Auf eine Pinnwand (oder zwei Flipcharts) werden eine Mülltonne und ein Herz gemalt. Die Teilnehmenden werden gebeten, ihre größten Befürchtungen (Was möchte ich auf keinen Fall in diesem Workshop erleben?) sowie Wünsche oder Erwartungen (Was möchte ich am Ende des Workshops mitnehmen?) auf rote bzw. grüne Moderationskarten zu schreiben (jeweils max. zwei). Die Teilnehmenden stellen dann ihre Karten vor und ordnen sie auf der Pinnwand zu. Die Befürchtungen kommen in den Mülleimer, die Wünsche und Erwartungen werden in das Herz gepinnt.

Variante: Wenn die Befürchtungen groß sind, können die Karten auch vorher gemischt und anonym angeheftet werden.

Auswertung: Die angepinnten Wünsche und Erwartungen werden gemeinsam betrachtet und mit dem geplanten Programm abgeglichen. Offene Fragen werden geklärt, gegebenenfalls muss das Programm angepasst werden.

Dauer: Ca. 15 Minuten

Materialien: Rechteckige Karten (zwei verschiedene Farben), Pinn-Nadeln, mit Wandzeitungspapier bespannte Pinnwand, für alle Teilnehmenden jeweils ein dicker Stift

172

Anmerkungen: Die Begrenzung auf max. zwei Karten pro Wunsch und
Befürchtung ist wichtig, da ansonsten die Zeit nicht aus-
reicht und der Erkenntnisgewinn durch mehr Karten
nicht steigt.

Die Übung sollte nur eingesetzt werden, wenn das Gender-Trainingsteam in der Lage und bereit ist, das Programm aufgrund der geäußerten Erwartungen zu ändern.

3. Erwartungsabfrage mit Perspektivenwechsel

Zielgruppe(n):   Alle Beschäftigtengruppen

Ziel: Einstieg in Geschlechterfragen vermitteln: Mit welchen Stereotypen arbeiten und leben wir?

Methode: Kartenabfrage mit Perspektivenwechsel

Vorgehen: Die Teilnehmenden schreiben auf Moderationskarten möglichst nur ein Stichwort pro Karte zu der Frage: „Mit welchen Erwartungen, glauben Sie, kommen die Kolleginnen und Kollegen des jeweils anderen Geschlechts zu diesem Gender-Workshop?"

                   Variante: „Was, glauben Sie, bedeutet für die Kolleginnen und Kollegen des jeweils anderen Geschlechts Gleichbehandlung von Männern und Frauen im Betrieb bzw. der gleichberechtigte Umgang von Männern und Frauen im Betrieb?

                   Männer bekommen blaue und Frauen rosa Karten (dem Klischee entsprechend)

Auswertung: Die Phantasien zu den Erwartungen von Männern aus Frauensicht und zu den Erwartungen von Frauen aus Männersicht werden nebeneinander an die Pinnwand gehängt. Gemeinsam werden sie entlang der folgenden Fragen ausgewertet:
                   – Gibt es Unterschiede zwischen den unterstellten Erwartungen der Männer und der Frauen?
                   – Wie erklären Sie sich (gegebenenfalls) die Unterschiede?
                   – Fühlen Sie sich als Männer bzw. als Frauen angemessen beschrieben? Gibt es einen Dissens zu be-

stimmten Punkten? (Blitz oder Ausrufzeichen an die Karte malen!)

- Fehlt Ihnen persönlich etwas, wenn Sie Ihre eigenen Erwartungen an den Workshop dazunehmen? Eine Befürchtung zum Beispiel oder ein Bedenken?

Dauer:	30 Minuten (abhängig von der Gruppengröße)
Materialien:	Rechteckige Karten (zwei verschiedene Farben), Pinn-Nadeln, mit Wandzeitungspapier bespannte Pinnwand, für alle Teilnehmenden jeweils ein dicker Stift
Anmerkungen:	Das Auswertungsgespräch kann dazu verführen, schon tiefer in das Gender-Thema einzusteigen, wenn die Gruppe diskussionsfreudig ist. Darauf sollte man am Anfang verzichten und lieber systematischer in das Thema einführen. Hier kommt es nur darauf an, herauszuarbeiten, dass es offensichtlich (unbewusst) unterschiedliche Bilder über das andere Geschlecht gibt, die unser Verhalten mitbeeinflussen. Wie diese Geschlechterrollenbilder entstehen und was sie bewirken, ist Thema im weiteren Verlauf des Workshops.

4. Team-Interview (Gender-Team)

Zielgruppe(n):	Gruppen, die sich nicht oder kaum untereinander kennen
Ziel:	Kennenlernen, Klären der Erwartungen und Abgleich der Erwartungen mit dem geplanten Programm
Methode:	Arbeit im Gender-Team
Vorgehen:	Die Teilnehmenden bilden Teams (jeweils ein Mann und eine Frau) und interviewen sich gegenseitig zu folgenden Themen:

Vorgehen:

Die Teilnehmenden bilden Teams (jeweils ein Mann und eine Frau) und interviewen sich gegenseitig zu folgenden Themen:

– Alter

– Funktion und Aufgaben in der Organisation

– Erwartungen bezogen auf den Gender-Workshop

– Befürchtungen bezogen auf den Gender-Workshop

Die Erwartungen und Befürchtungen werden jeweils auf Moderationskarten geschrieben.

Auswertung:

Die Befürchtungen und Erwartungen werden durch den Teampartner oder die Teampartnerin vorgestellt und auf die entsprechende Pinnwand geheftet (getrennt nach Männern und Frauen). Das Ergebnis wird gemeinsam unter folgenden Fragestellungen betrachtet:

– Gibt es Unterschiede in den Erwartungen und Befürchtungen zwischen den Geschlechtern?

– Was hat Sie an den Erwartungen und Befürchtungen des jeweils anderen Geschlechts am meisten überrascht?

– Welche Erklärungen haben Sie dafür?

Dauer:

10 Minuten Partnerinterview, 15-20 Minuten Auswertung

Materialien:	Interviewthemen auf Flipchart, rechteckige Karten, Nadeln, zwei Pinnwände, pro Team ein dicker Stift
Anmerkungen:	Das Auswertungsgespräch kann dazu verführen, schon tiefer in das Gender-Thema einzusteigen, wenn die Gruppe diskussionsfreudig ist. Darauf sollte man am Anfang verzichten und lieber systematischer in das Thema einführen. Hier kommt es nur darauf an, herauszuarbeiten, dass es offensichtlich (unbewusst) unterschiedliche Bilder über das andere Geschlecht gibt, die unser Verhalten mit beeinflussen. Wie diese Geschlechterrollenbilder entstehen und was sie bewirken, ist Thema im weiteren Verlauf des Workshops.

Die Übung sollte nur eingesetzt werden, wenn das Gender-Trainingsteam in der Lage und bereit ist, das Programm aufgrund der geäußerten Erwartungen zu ändern.

2.2 Sensibilisierungsübungen

1. Geschlechter-Metaphern

Zielgruppe(n): Alle Beschäftigtengruppen

Ziel: Sensibilisierung für die unterschiedliche Wahrnehmung von sozial geprägten Geschlechterrollen. Der Gebrauch von geschlechterstereotypen Bildern – vor dem Hintergrund der vorhandenen Vielfalt von Geschlechterrollen – wird reflektiert.

Methode: Geschlechtshomogene Gruppen oder Plenumsrunde

Vorgehen: Die Teilnehmenden werden aufgefordert, Geschlecht mit anderen Worten zu umschreiben: Geschlecht ist wie ...
Die Metaphern werden auf ein Flipchart notiert.

Modifizierung: Die Übung kann erweitert werden, indem zusätzliche Materialien, wie z.B. Zeitungsausschnitte oder Bilder, zur Verfügung gestellt und die Metaphern bildlich dargestellt werden.

Auswertung: Gesprächsrunde unter der Fragestellung: „Was machen uns die Metaphern, die wir gefunden haben, deutlich?"

Dauer: Ca. 20 Minuten

Materialien: Flipchart, dicker Stift

Anmerkungen: Die Übung dient als lockerer Einstieg in den Workshop und das Thema. Ein tieferer Einstieg sollte hier noch nicht erfolgen. Hier kommt es nur darauf an, herauszuarbeiten, dass wir immer (unbewusst) Geschlechterstereotype und Klischees in uns tragen, die unser Denken und Verhalten mitbeeinflussen. Wie diese Geschlechterrollenbilder entstehen und was sie bewirken, ist Thema im weiteren Verlauf des Workshops.

2. „Sprüche klopfen ..."

Zielgruppe(n):	Alle Beschäftigtengruppen
Ziel:	Die Vielfalt und soziale Konstruktion von Geschlechterrollen verdeutlichen, soziale Differenzierung und Kontextualisierung von Geschlecht sichtbar machen (Gender Diversity).
Methode:	Arbeit in zwei geschlechtshomogenen Gruppen
Auftrag:	Die Teilnehmenden sollen Sprüche und Sprichwörter zum Geschlechterthema zusammenstellen, wie z.B.:

– Frauen lenken, Männer denken!

– Erfolg kennt keine Väter!

– Männer überlassen nichts dem Zufall!

Die Sprüche werden auf einem Flipchart oder auf der Wandzeitung notiert.

Auswertung:	Präsentation der Sprichwörter und Sprüche im Plenum. Der Frage nachgehen, was diese Sprüche über die Zuschreibung und Wahrnehmung von Geschlecht(errollen) aussagen. Gab es Unterschiede zwischen den beiden Gruppen?
Dauer:	Ca. 15 Minuten in Arbeitsgruppen, Auswertung je nach Diskussionsbedarf
Materialien:	Flipchart oder Wandzeitung, dicker Stift pro Gruppe
Anmerkungen:	Jüngeren Teilnehmenden fallen meist weniger Sprichwörter ein. Für diese Gruppe ist die Übung „Typisch männlich" – „Typisch weiblich" eher geeignet.

3. „Na, typisch!" – Ratespiel mit Karten[24]

Zielgruppe(n):	Alle Beschäftigtengruppen
Ziel:	Über Normen, Werte und Rollen von Frauen und Männern austauschen, die Vielfalt und soziale Konstruktion von Geschlechterrollen deutlich machen und soziale Differenzierung und Kontextualisierung von Geschlecht sichtbar machen (Gender Diversity).
Methode:	Gruppenspiel
Vorgehen:	Alle Beteiligten (2-30) bekommen kleine Karten mit „stimmt", „stimmt nicht" sowie mit „typisch Frau" und „typisch Mann". Diese halten sie in den Händen, während die Spielleiterin oder der Spielleiter entweder Fragen zu XY oder Thesen zu typischen Frauen- oder Männerrollen stellt. Nach einer kurzen Bedenkzeit strecken alle ihre jeweiligen Antwortkarten in die Mitte. Dann wird die Mehrheit für „stimmt" oder „stimmt nicht" bzw. für „typisch Frau" oder „typisch Mann" ausgezählt.
Auswertung:	Ein Austausch über Geschlechterrollen (früher / heute / in der Zukunft), über den Mainstream und die eigenen Rollen(bilder) sollte nicht während des Spiels, sondern im Anschluss daran erfolgen.
	Anhand der Thesen auf den Karten soll spontan eingeschätzt werden, was aktuell als „typisch" für Frauen und Männer angesehen wird und ob sich die Einschätzung der öffentlichen Meinung (siehe Karten) von der persönlichen Einschätzung der eigenen Geschlechterrolle und der Einschätzung der Gruppe unterscheidet. Dabei geht

[24] Die Übung wurde uns von Christa Schulte aus Bremen zur Verfügung gestellt. Das Spiel: „Na, typisch!" kann über den aktuell-spiele-verlag, Batterieweg 42 f, 53424 Remagen bestellt werden.

es nicht um richtig oder falsch, sondern um Übereinstimmungen oder Differenzen in der Einschätzung aktueller und tradierter Geschlechterrollen.

Dauer:	30 Minuten und mehr (je nach Länge des Austausches)
Material:	Kartenspiel „Na, typisch!"
Anmerkungen:	Beim Austausch über alte und neue Geschlechterrollen ist es wichtig, immer wieder zu betonen, dass es hier um Einschätzungen und nicht um „Wahrheiten" oder „wissenschaftlich Erwiesenes" geht. Ansonsten könnte diese Übung auch eine Einleitung für ein konstruktives Streitgespräch zwischen Männern und Frauen werden.

4. Gender-Phantasiereise

Zielgruppe(n):	Alle Beschäftigtengruppen, pädagogische Berufe, Ausbilderinnen und Ausbilder
Ziel:	Vielfalt und soziale Konstruktion von Geschlechterrollen verdeutlichen, soziale Differenzierung und Kontextualisierung von Geschlecht sichtbar machen (Gender Diversity).
Methode:	Phantasiereise als Einzel- oder Gruppenarbeit
Vorgehen:	Die Teilnehmenden nehmen eine entspannte Haltung ein und schließen die Augen. Die Trainerin oder der Trainer leiten die Phantasiereise mit den Worten ein: „Stellen Sie sich vor, Sie wären wieder 10 Jahre alt. Welche Vorstellungen hatten Sie damals über das jeweils andere Geschlecht? Was durften Jungen? Was durften Mädchen? Was durften Jungen nicht? Was durften Mädchen nicht?" Zwischen den einzelnen Fragen werden Pausen gemacht, um den Teilnehmenden Raum für aufsteigende Bilder zu geben. Die Phantasiereise kann durch weitere Fragen und Bilder vertieft werden. (Variante I)
	Oder: Drei Arbeitsgruppen werden gebildet. Sie tauschen sich über ihre Erinnerungen zu den unter Variante I genannten Fragen aus. Die jeweils älteste Person beginnt zu erzählen, die anderen folgen, ihrem Alter nach. Die wichtigsten Punkte werden auf der Wandzeitung festgehalten. (Variante II)
Auswertung:	Im Plenum schildern einzelne Teilnehmende ihre Erinnerungen, andere ergänzen. Oder es werden die Arbeitsgruppenergebnisse präsentiert.

Im weiteren Verlauf wird die Veränderung von Geschlechterrollen(bildern) im zeitlichen Kontext thematisiert durch die Frage „Wie erleben Mädchen und Jungen im selben Alter jeweils heute das andere Geschlecht?" Die verschiedenen sozialen Dimensionen werden herausgearbeitet und auf dem Flipchart festgehalten.

Variante: Schauen Sie sich die jungen Kollegen und Kolleginnen in Ihrem Betrieb oder in Ihrer Organisation an: Welche Vorstellungen von Partnerschaft, glauben Sie, haben diese jungen Kolleginnen und Kollegen?

Dauer: Phantasiereise als Einzelarbeit 5 Minuten, Auswertung ca. 30 Minuten
               Phantasiereise als Gruppenarbeit 45 Minuten, Auswertung 45-60 Minuten

Materialien: Flipchart, Pinnwände, Stifte

Anmerkungen: In der Variante II können Entwicklungen und Veränderungen über Generationen deutlicher herausgearbeitet werden: Soziale Geschlechterrollen sind veränderbar!

5. „Figuren malen"

Zielgruppe(n):	Alle Beschäftigtengruppen, weniger für Führungskräfte geeignet, pädagogische Berufe, Ausbilderinnen und Ausbilder
Ziel:	Vielfalt und soziale Konstruktion von Geschlechterrollen verdeutlichen, soziale Differenzierung und Kontextualisierung von Geschlecht sichtbar machen (Gender Diversity).
Methode:	Arbeit in geschlechtshomogenen Gruppen
Arbeitsauftrag:	Malen Sie jeweils eine männliche und eine weibliche Figur auf die Wandzeitung. Ordnen Sie diesen Figuren und ihren Körperteilen Eigenschaften zu: der Kopf steht zum Beispiel für Intelligenz oder gutes Aussehen, Hände stehen für gewalttätig oder zärtlich etc.
Auswertung:	Präsentation der Bilder in einer Galerie. Die Gruppen stellen ihre Bilder vor und beschreiben den Schaffensprozess innerhalb der Gruppe. Unterschiede und Gemeinsamkeiten zwischen den Gruppenergebnissen werden herausgearbeitet.
	Variante: „Was passiert, wenn Sie die Köpfe der Figuren austauschen?"
Dauer:	Ca. 30-45 Minuten Arbeitsgruppen, 30-45 Minuten Auswertung
Material:	Wandzeitungspapier, verschiedenfarbige dicke Stifte
Anmerkungen:	Es ist wichtig, in der Moderation darauf zu achten, dass Unterschiede in der Herangehensweise oder in den Ergebnissen der geschlechtshomogenen Gruppen nicht einseitig positiv oder negativ bewertet und damit Ge-

schlechterzuschreibungen und Stereotype wieder verfestigt werden („Kultur der Zweigeschlechtlichkeit"). Hier ist der Bezug zu „doing gender" herzustellen, auf Gleichwertigkeit unterschiedlicher Zugänge zu achten und kontextbezogen zu beurteilen, welche Vorgehensweise (gegebenenfalls eine kombinierte) angemessen ist.

6. „Wie die Karten fallen ...“

Zielgruppe(n):	Alle Beschäftigtengruppen, pädagogische Berufe, Ausbilderinnen und Ausbilder
Ziel:	Vielfalt und soziale Konstruktion von Geschlechterrollen verdeutlichen, soziale Differenzierung und Kontextualisierung von Geschlecht sichtbar machen (Gender Diversity).
Methode:	Einzelarbeit, Fragebogen
Arbeitsauftrag:	Stellen Sie sich vor, Sie wachen morgen früh auf und sind nicht mehr Mann, sondern Frau bzw. nicht mehr Frau, sondern Mann. Sie haben aber die gleiche Funktion im Beruf und in der Familie. Würden sich Ihre Standpunkte zu bestimmten Fragen verändern? Bitte beantworten Sie für sich folgende Fragen so ehrlich wie möglich:

– Nennen Sie mindestens fünf verschiedene Beispiele, wie sich Ihr Leben ändern wird!

– Denken Sie darüber nach, wie andere auf Sie reagieren. Denken Sie dabei an Ihre engste Familie, an Ihre Großfamilie, enge Freunde und Freundinnen, Ihre Kollegen und Kolleginnen, Ihr Umfeld im allgemeinen, die Ehrenamtlichen oder Hauptamtlichen, die Gesellschaft und das politische Umfeld als Ganzes!

– Meinen Sie, dass Sie als Person in einem anderen Geschlecht mehr oder weniger Macht an Ihrem Arbeitsplatz oder in Ihrer ehrenamtlichen Funktion haben werden? In der Familie? In der Gesellschaft?

– Was würden Sie jetzt von anderen brauchen oder erwarten, was Sie bisher nicht gebraucht oder erwartet haben?

– Welche Vorbilder haben Sie jetzt?

– Drücken Sie zum Schluss in einem Wort aus, wie Sie sich bei dieser Übung gefühlt haben!

Auswertung: Zunächst wird von allen abgefragt, welches Gefühl sie bei der Übung hatten. Die Stichworte werden auf einem Flipchart festgehalten. Vielfach dominieren hier Gefühle wie Unsicherheit oder Irritation, seltener Spaß am Perspektivenwechsel. Ausgehend von diesen Gefühlen wird gefragt, wodurch diese ausgelöst worden sind. Einige beginnen ihre Gedanken vorzutragen – entweder eine/r alle Fragen hintereinander oder einzelne zu Frage 1, Frage 2 usw. Im Gespräch wird anschließend herausgearbeitet, wie wichtig es ist, sich in die Perspektive des anderen Geschlechts hineinversetzen zu können, wenn ein konstruktiver Dialog geführt werden soll. Ebenso wird herausgearbeitet, wie vielfältig Lebenssituationen sind und wie sie Geschlechterrollen(bilder) prägen.

Dauer: Ca. 15 Minuten für die Einzelarbeit, ca. 45 Minuten und länger für die Auswertung. Letzteres ist abhängig von der Bereitschaft und Offenheit der Teilnehmenden, sich spielerisch auf die Übung einzulassen

Materialien: Fragebogen als Handout, Flipchart, dicker Stift

Anmerkungen: Die Übung ist in manchen Gruppen nicht unproblematisch. So kann es sein, dass sich homosexuelle Teilnehmende genötigt sehen, sich zu outen, oder manche Frauen, die stark an ihrer selbstbewussten Rolle als Frau gearbeitet haben, sich weigern, sich in die Rolle eines Mannes zu versetzen. Es ist also bei der Einführung in die Übung deutlich zu machen, dass niemand gezwungen ist, diese Übung mitzumachen.

188

7. „Typisch männlich" – „Typisch weiblich"[25]

Zielgruppe(n):	Alle Beschäftigtengruppen
Ziel:	Geschlechtereigenschaften als soziale Zuschreibungen verdeutlichen; Vielfalt, soziale Differenzierung und Kontextualisierung von Geschlecht sichtbar machen (Gender Diversity); Ideen entwickeln, wie Männer und Frauen sich von Zuschreibungen lösen können.
Methode:	Einzelarbeit, Fragebogen oder Brainstorming im Plenum
Auftrag:	Sie erhalten eine Liste mit Eigenschaften. Welche der Eigenschaften halten Sie für „typisch männlich" bzw. „typisch weiblich"?

- dominierend – unterwürfig
- aktiv – passiv
- stark – schwach
- gewalttätig – sanft
- leistungsbewusst – nicht leistungsbewusst
- Selbstvertrauen haben – kein Selbstvertrauen haben
- logisch denken – unlogisch denken
- willensstark – willensschwach
- erotisch – unerotisch
- ängstlich – tapfer
- gesellig – ungesellig
- sicher – unsicher
- redet viel, auch dazwischen – ist eher ruhig, hält sich zurück
- gepflegtes Äußeres – ungepflegtes Äußeres
- selbständig – unselbständig
- mitfühlend – nicht mitfühlend
- gefühlvoll – gefühllos

---

[25] Wir danken Wolfram Walbracht, durch den wir diese Übung kennengelernt haben.

Auswertung:	Die Zuordnungen werden anonym auf einer Wandzeitung ausgewertet – allerdings getrennt nach Geschlechtern. Männern werden in der Regel folgende Eigenschaften zugeschrieben: aktiv, stark, willensstark, logisch denken, Selbstvertrauen, selbständig, leistungsbewusst, sicher, dominierend. Dies sind die traditionell den Männern zugeschriebenen Eigenschaften des Aktiven, Starken, Rationalen. Die emotionalen Eigenschaften erotisch, mitfühlend, gefühlvoll, gepflegt oder gesellig werden weniger als männlich angesehen und eher Frauen zugeschrieben. Als noch weniger männlich werden „ängstlich" und „redet viel" betrachtet. Im Gespräch wird überlegt, ob diese Zuordnungen nicht auch anders sein können und auf die soziale Konstruktion von Geschlecht fokussiert.
Dauer:	Einzelarbeit 10 Minuten, Auswertung 30 Minuten
Materialien:	Fragebogen als Handout, gekennzeichnet für Frauen und für Männer
Anmerkungen:	Die Übung kann nur angewendet werden, wenn annähernd gleich viel Männer und Frauen am Workshop teilnehmen.

Variante:
In Form eines Brainstormings werden auf Zuruf auf zwei Flipcharts „typisch männliche" und „typisch weibliche" Eigenschaften notiert. Im zweiten Schritt wird überlegt, ob die genannten Eigenschaften nicht auch beim anderen Geschlecht vorkommen (können). In der Regel bleiben dann nur noch biologisch bedingte Eigenschaften wie zum Beispiel Gebärfähigkeit übrig. Nachfolgend wird in das Thema „Soziale Konstruktion von Geschlechterrollen" eingeführt und beispielsweise der Unterschied zwischen den Begriffen *sex* und *gender* erklärt.

8. Szenen einer Sozialisation

Zielgruppe(n):	Pädagogische Berufe, Ausbilderinnen und Ausbilder
Ziel:	Die Teilnehmenden sollen „typisch männliche" und „typisch weibliche" Verhaltensweisen in verschiedenen Lebensbereichen entdecken und Geschlechtereigenschaften als soziale Zuschreibungen erkennen. Die Vielfalt, soziale Differenzierung und Kontextualisierung von Geschlecht soll deutlich werden (Gender Diversity).
Methode:	Geschlechtshomogene Gruppen, Rollenspiel
Vorgehen:	Die Arbeitsgruppen ordnen sich je einem Lebensbereich zu, zu dem sie eine typische Szene gestalten sollen: – Familie – Betrieb – Freizeit – Fortbildung
Auswertung:	Die Gruppen spielen die Szenen im Plenum vor. Die Zuschauerinnen und Zuschauer notieren nach jeder Darstellung wichtige, augenfällige oder eher verborgen wirkende Verhaltensweisen auf einer Wandzeitung. Es sollte nicht zu lange bei einer Szene verweilt, sondern zügig vorgegangen werden. Nachdem alle Szenen dargestellt und ausgewertet wurden, wird unter Geschlechterperspektive gesucht nach: – Ähnlichkeiten in allen Lebensbereichen – wirksamen geschlechtsbezogenen Verhaltensweisen – wirksamen geschlechtsbezogenen Einstellungen – wirksamen geschlechtsbezogenen Systemkräften bzw. Strukturen.
Dauer:	20-30 Minuten Arbeitsgruppen, 45-60 Minuten Auswertung

Materialien:	Pinnwand mit folgendem Raster, vier Räume für Arbeitsgruppen		

Familie	Betrieb	Freizeit	Fortbildung

Anmerkungen: Die Ergebnisse hängen von der Spielfreude der Gruppe ab. Wenn die Teilnehmenden nicht aus pädagogischen Zusammenhängen kommen, kann der Einsatz dieser Übung sehr schwierig werden.

9. Familiengeschichte[26]

Zielgruppe(n):   Multiplikatorinnen und Multiplikatoren aus der Bildungsarbeit, Jugendarbeit, Ausbildungsgruppen

Ziel: „Typisch männliche" und „typisch weibliche" Geschlechterrollen und Zuschreibungen in verschiedenen Lebensbereichen bewusst machen, die Reflexion eigener Geschlechterrollen(bilder) vertiefen, Geschlechtereigenschaften als soziale Zuschreibungen und damit verknüpfte Bewertungen verdeutlichen, Vielfalt und soziale Differenzierung und Kontextualisierung von Geschlecht sichtbar machen (Gender Diversity).

Methode: Erfahrungsaustausch „Vier Ecken": Die Teilnehmenden treffen sich in vier Ecken des Raumes zu drei Themen aus ihrer Familiengeschichte in jeweils neuen Kleingruppen.

Vorgehen: Der Erfahrungsaustausch erfolgt zu den Themen Macht, Geld und Sexualität. Die Gruppen bilden sich für jedes Thema neu. Zeit pro Thema: 15-20 Minuten. Im Vordergrund steht die Frage, wie sich die jeweiligen Erfahrungen auf die persönlichen Bilder von „Männlichkeit" und „Weiblichkeit" ausgewirkt haben bzw. auswirken.
Die Gruppen haben genügend Zeit, um ihre Erfahrungen auszutauschen und zu gemeinsamen Erkenntnissen zu kommen. Leitfragen zu den Themen sind:

Thema 1: Macht
Welche Erfahrungen habe ich mit einem dominanten Familienmitglied gemacht?
– Erfahrungen mit einem dominanten Vater
– Erfahrungen mit einer dominanten Mutter
– Andere dominante Familienmitglieder
– Keine dominanten Personen in der Familie

---

[26] Die Übung geht zurück auf: Arbeitsgemeinschaft für Gruppenberatung (Hg.) (2004): Das Methoden-Set. Linz.

Thema 2: Geld
Welche Rolle spielte für mich das Geld, über das meine Familie verfügte?
- Wir waren arm, und ich habe das gewusst.
- Wir waren arm, und ich habe das nicht gewusst.
- Wir waren eher wohlhabend, und ich habe das gewusst.
- Wir waren eher wohlhabend, und ich habe das nicht gewusst.

Thema 3: Sexualität
Welche Rolle spielte Sexualität in unserer Familie?
- Sexualität war ein Tabuthema, die Thematisierung wurde sanktioniert.
- Sexualität war ein „Nicht-Thema", die Thematisierung wurde möglichst vermieden.
- Sexualität war Thema, es wurde aber nicht unbedingt gefördert, darüber zu sprechen.
- Sexualität war eine Selbstverständlichkeit, offener Umgang mit dem Thema.

Auswertung: Gemeinsames Gespräch unter der Fragestellung: „Wie haben sich meine Erfahrungen aus der Kindheit auf meine Bilder von Männlichkeit und Weiblichkeit ausgewirkt?"
Die wichtigsten Punkte auf einem Flipchart oder einer Wandzeitung festhalten und zuordnen. Bezug zu Gender als sozialer Konstruktion herstellen.

Variante: Die Auswertung erfolgt zunächst in moderierten geschlechtshomogenen Arbeitsgruppen. Danach werden im Plenum die wichtigsten Erkenntnisse und Themen ausgetauscht.

Dauer: Insgesamt 1 Stunde Kleingruppen, 30-60 Minuten Auswertung je nach Variante und Gesprächsbedarf

Anmerkungen: Die Übung kann für Einzelne sehr tief gehen und viele Emotionen auslösen. Der Selbsterfahrungsaspekt ist in manchen Kontexten nicht angebracht, zum Beispiel in einer hierarchieübergreifenden Teilnehmendengruppe einer Organisation mit Teilnahmezwang. Es sollte daher im Vorfeld gut ausgelotet werden, ob die Teilnehmenden auf dieser Ebene zu arbeiten bereit sind und ob dies zumutbar ist. Die Auswertung in geschlechtshomogenen Arbeitsgruppen ist gerade für männliche Teilnehmende oftmals das erste Mal, dass sie unter Männern über Geschlechterfragen ernsthaft reden. Das ist für viele nicht einfach und muss gut moderiert werden, damit die Gesprächsatmosphäre von Respekt und Anerkennung der unterschiedlichen Zugänge und Erfahrungen geprägt ist.

Teil III

Anforderungen an Gender-Training und -Beratung

Zusammenfassung

1 Anforderungen an Gender-Trainings

1. Gender-Trainings sind Bausteine zum Erwerb von Gender-Kompetenz

Bei der Planung von Gender-Trainings ist es notwendig, zunächst zwischen einem eher strukturell, fach- und sachbezogenen Ansatz und einem eher selbsterfahrungsorientierten personenbezogenen Ansatz zu wählen. Ersterer spricht vor allem Führungskräfte an und erleichtert dem Trainingsteam das Kennenlernen der Organisation. Im Vordergrund stehen die Organisationsstrukturen und die Vermittlung von gender-bezogenem Fachwissen. Die Teilnehmenden lernen, Gender als Analyse-Kategorie in ihrem Arbeitsfeld – unabhängig von ihren eigenen Einstellungen – anzuwenden, und erwerben dadurch fachliche Gender-Kompetenz.

Der personenbezogene bzw. selbsterfahrungsorientierte Ansatz stellt die Menschen, ihre Einstellungen und ihr Verhalten in den Vordergrund. Die Teilnehmenden sollen ihre Einstellungen und Verhaltensweisen reflektieren und gegebenenfalls verändern. Hier wird hauptsächlich die soziale Gender-Kompetenz gestärkt, mit dem Ziel, Kommunikations- und Interaktionsprozesse geschlechtersensibel zu gestalten.

Gender-Trainings sollten grundsätzlich von Gender-Teams (einem Trainer und einer Trainerin) durchgeführt werden.

2. Gender-Trainings sind Instrumente bei der Implementierung von Gender Mainstreaming

Die Einführung und Umsetzung von Gender Mainstreaming in Organisationen, Verbänden, Institutionen und Unternehmen erfordert ein hohes Maß an Gender-Kompetenz von Führungskräften sowie Mitarbeiterinnen und Mitarbeitern. Gender-orientierte Veränderungsprozesse berühren neben der institutionellen und fachlichen immer auch die persönliche Ebene, ohne sie jedoch zum zentralen Punkt der Veränderungsprozesse zu machen. Organisationen müssen in der Lage sein, Gender-Perspektiven auf allen Ebenen umzusetzen. Die Ergebnisse und Erfahrungen gender-bezogener Forschung, Beratung und Bildung müssen konsequent in die fachliche Arbeit aller Beschäftigten einbezogen werden. Die dazu notwendige Gender-Kompetenz wird durch Gender-Training und Gender-Beratung vermittelt.

3. Methoden im Gender-Training

Die Arbeit in Gender-Teams, in geschlechtshomogenen und geschlechtsheterogenen Gruppen, der Perspektivenwechsel sowie der Gender-Dialog sind grundlegende Methoden im Gender-Training.

Als Gender-Team sind die Trainerin und der Trainer Identifikationsfiguren und Projektionsflächen für die Teilnehmenden. Der Charme von Gender-Teams liegt darin, dass sie mit verschiedenen Geschlechterrollen spielen können und so zu Verwirrung und Irritation von eingefahrenen Geschlechterrollenmustern beitragen können. Gerade für Männer können männliche Gender-Trainer eine Chance sein, neue Geschlechterrollenverhalten zu erlernen, sie können aber auch im Gegenteil dazu herausfordern, sie als Projektionsfläche für Muster hegemonialer Männlichkeit zu nehmen.

Gender-Teams können geschlechtshomogene Arbeitsgruppen moderieren. Als Team stehen sie für den Perspektivenwechsel, d.h. Geschlechterfragen werden als Strukturfragen angesehen, die beide Geschlechter angehen, nicht mehr als klassisches Frauenthema. Durch die Methode des Perspektivenwechsels können Wahrnehmungs- und Deutungsmuster des jeweils anderen Geschlechts in seiner Vielfalt (Gender Diversity) erfahrbar gemacht werden.

Das methodische Vorgehen des Gender-Teams ist handlungs- und transferorientiert, d.h. es richtet sich nach den jeweiligen Problemlagen und Zielorientierungen der Teilnehmenden. Damit kann ein nachhaltiger Lernerfolg ermöglicht werden.

Methodenvielfalt und Erfahrungen in der (politischen) Erwachsenenbildung werden vorausgesetzt, so dass eine Balance zwischen inhaltlicher und prozessbezogener Arbeit gewährleistet ist.

4. Qualität im Gender-Training

In der Bildungsarbeit wird zwischen Input-, Durchführungs- und Output-Qualität unterschieden. Zur Input-Qualität trägt ein intensives Vorgespräch bei, in dem die Ziele der Auftraggeber und Auftraggeberinnen erfragt werden. So kann geklärt werden, ob Gender-Training oder Gender-Beratung sinnvoll ist bzw. ob das Gender-Training eher fachbezogen oder personen-

bzw. selbsterfahrungsorientiert ausgerichtet werden soll. Dabei sind die Ziele der Auftraggeber/innen nicht unbedingt identisch mit denen der Teilnehmenden. Darüber hinaus ist mit „heimlichen" Aufträgen zu rechnen. Das könnte z. B. der Wunsch einer Gleichstellungsbeauftragten als Auftraggeberin sein, unter dem Label Gender Mainstreaming für ein bestimmtes Frauenförderkonzept zu werben. Ein Vorgespräch – gegebenenfalls auch mit Teilnehmenden – trägt zur Konzeptklarheit bei. Das Selbstverständnis der Teilnehmenden (Verständnis von Gender, Rolle von Männern und Frauen im Gender-Mainstreaming-Prozess etc.) kann ausdrücklich formuliert und die Planung dementsprechend ausgerichtet werden.

Die Durchführungsqualität bezieht sich auf Inhalte und Methoden des Gender-Teams. Diese richten sich nach dem Konzept des Gender-Trainings-Ansatzes. Die fachliche Qualifikation des Teams wird anhand der Zielbeschreibung und der damit verbundenen Methodenwahl deutlich. Die Durchführungsqualität hängt von der Infrastruktur des Lernortes und der Professionalität des Gender-Teams ab. Dieses sollte – im Idealfall – fachkompetent, motivierend, beratend und handlungs- bzw. ergebnisorientiert arbeiten.

Output-Qualität bezieht sich auf die Dokumentation der Ergebnisse des Gender-Trainings bzw. auf die Auswertung durch ein mögliches Nachgespräch: Sind die vorab formulierten Ziele erreicht? Sind die Teilnehmenden zufrieden? Ist der Auftraggeber oder die Auftraggeberin zufrieden? Gab es Reibungen oder Konflikte? Gender-Trainings bergen ein hohes Maß an möglichen Reibungspunkten, an Konfliktpotential und Verzerrungen aufgrund von Gruppendynamiken oder Projektionen. Häufig tragen aber gerade diese zur nachhaltigen fachlichen Weiterentwicklung bei, sind jedoch schwer in ihrer Qualität und Wirkung zu fassen.

Qualitätssicherung und -entwicklung sowie Evaluation von Gender-Trainings müssen berücksichtigen, dass Erfolg und Wirkung von Gender-Training und Gender-Beratung – wie im Bildungsbereich generell – nicht einfach zu messen sind. Die Motivation und Mitarbeit der Teilnehmenden entscheiden maßgeblich über einen erfolgreichen Lernprozess. Die Gender-Teams unterstützen und beeinflussen diesen Prozess, der von den unterschiedlichen Zielen und Erwartungen der Auftraggebenden und Teilnehmenden beeinflusst wird. Das Gender-Team steht sozusagen im Spannungsfeld dieser unterschiedlichen Erwartungen, quasi in einem „Dreieckskontrakt".

5. Auftragsklärung

Im Vorbereitungsgespräch werden die Rahmenbedingungen für ein Gender-Training bzw. eine Gender-Beratung geklärt: Zeit, Ort, Ausstattung, Technik etc. sowie Ziele, Anforderungen, Inhalte und Aufbau des Gender-Trainings. Für die Qualitätssicherung ist zu beachten, dass die Ziele der Auftraggebenden nicht identisch sein müssen mit denen der Teilnehmenden. Weichen sie voneinander ab, so ist die Output-Qualität häufig schwierig zu erfassen: z.B. waren die Teilnehmenden zufrieden, der oder die Auftraggeber/in aber nicht, oder es war umgekehrt. Das führt zum oben beschriebenen Spannungsfeld im Dreieckskontrakt.

6. Durchführung

Gender-Trainings sind Teil der Konzeption der Auftraggebenden, Gender Mainstreaming in der betreffenden Organisation einzuführen. Die Konzeption der Gender-Trainings muss sich wiederum auf diesen Rahmen beziehen. Die Durchführung richtet sich nach den weiter oben beschriebenen Standards.

7. Transfersicherung nach der Durchführung

Zur Qualität von Gender-Trainings gehört auch eine Erfolgskontrolle: Sind die Teilnehmenden der Gender-Trainings anschließend in der Lage, gender-bezogene Fragestellungen für ihre Arbeit zu entwickeln? Wie wird das Gelernte in der eigenen Praxis umgesetzt? Die Transfersicherung ist jedoch Aufgabe der Organisation, d.h. Führungskräfte müssen mögliche gender-orientierte Änderungen in der fachlichen Arbeit ihrer Mitarbeitenden unterstützen („Top-Down-Prinzip" des Gender Mainstreaming).

Die Transfersicherung von Erfahrungen aus Gender-Trainings ist oftmals mit großen Schwierigkeiten verbunden, da das Widerstandspotential gegen die Anwendung von „Gender als Analysekategorie" im Arbeitsalltag genauso groß ist wie in Gender-Trainings, nur dass es im Arbeitsalltag selten die Möglichkeit gibt, mit diesem Widerstand produktiv umzugehen. Dies führt dazu, dass der Transfer nur gesichert werden kann, wenn projektbegleitende Gender-Beratung angeboten wird.

2 Anforderungen an Gender-Berater/innen und Gender-Coaches

1. Gender-Mainstreaming-Beratung dient der Implementierung von Gender Mainstreaming in Organisationen. Gender-Teams müssen also Kenntnisse von Strukturen und Abläufen der Organisation mit ihrer Prägung der „Kultur der Zweigeschlechtlichkeit" haben. Gleichzeitig ist Offenheit für jeden organisationseigenen Weg der Gender-Mainstreaming-Implementierung notwendig. Die Gender-Teams stellen sich mit ihrer Beratung darauf ein.

2. Gender-Teams sind sich der begrenzten Möglichkeiten eines Gender-Trainings in der Organisation bewusst. Sie können den Auftrag klar eingrenzen und in den Gesamtprozess der Organisation einordnen. Sie sind sich der Problematik bewusst, wenn Gender-Trainings isoliert angeboten werden und nicht in eine Gesamtstrategie zur Einführung von Gender Mainstreaming eingebettet sind.

3. Gender-orientierte Projektplanung oder Aufgaben- und Arbeitsberatung wird sinnvollerweise nach einem Einstiegs-Gender-Training angeboten, während Gender-Mainstreaming-Beratung vor dem Einsatz von Gender-Trainings notwendig ist. Gender-Beratung meint hier die Begleitung von komplexen Projekten oder Fachaufgaben auf Anfrage. Zur Durchführung von Gender-Beratung sollten die Gender-Beraterinnen und -Berater über eine hohe fachliche Gender-Kompetenz, betriebswirtschaftliche Kompetenzen, Feldkompetenz und methodische Kompetenzen verfügen. Wesentlicher Bestandteil der fachlichen Gender-Kompetenz sind Kenntnisse über Geschlechterrollen(-bilder) und deren Konstruktion in Organisationen, die Einordnung der Trainings innerhalb der Organisation, die Anwendung geschlechterpolitischer Strategien und Instrumente sowie Zuordnungen, zum Beispiel zu Managing Diversity.

4. Zur Durchführung von Gender-Beratung sollten die Beraterinnen und - Berater auch über soziale Kompetenzen und selbstverständlich über Gender-Kompetenzen verfügen. Darunter fällt zum einen das Wissen über menschliches Verhalten, Denken, Erleben und Handeln in seinen geschlechtsbezogenen Ausprägungen und Differenzierungen sowie das Wissen über kommunikative und interaktive Prozesse in Gruppen und Organisationen mit seinen geschlechtsbezogenen Ausprägungen; zum anderen die Fähigkeit zum Perspektivenwechsel und zum Gender-Dialog, die dazu notwendige Empathie für das jeweilige Gegenüber sowie die Fähigkeit, im Gender-Team zu arbeiten. Dies bedeutet auch, die eigenen Lebenserfahrungen vor dem Hintergrund von Geschlechterrollen und Geschlechterrollenbildern zu reflektieren.

5. Das Denken in komplexen Strukturen und das Erfassen der Komplexität von Geschlechterdimensionen auf allen Ebenen ist ebenso Voraussetzung wie innere Unabhängigkeit und Neutralität. Eine weitere nicht zu unterschätzende Fähigkeit ist eine hohe Frustrationstoleranz und die Fähigkeit zur inneren Distanzierung.

6. Gender-Beraterinnen und -Berater nehmen an gender-orientierter Supervision teil oder arbeiten mit kollegialer Beratung. Unterstützend wirkt die Zusammenarbeit in kollegialen Netzwerken.

7. Gender-Beraterinnen- und berater weisen Gender-Kompetenz in ihrem Ursprungsberuf und in speziellen Fachgebieten nach. Nachweise sind auch für Feldkompetenz zu erbringen.[27]

---

[27] Vgl. zu Qualitätsanforderungen auch Kaschuba 2004a , S.120 ff.

3 Zusammenfassung: Qualitätsanforderungen auf einen Blick

1. Gender-Trainerinnen und Gender-Trainer arbeiten als gleichberechtigtes Gender-Team. Dies ist eine methodische Grundvoraussetzung. Der spielerische Umgang mit unterschiedlichen Geschlechterrollenmustern gehört zu den unabdingbaren Kompetenzen eines Gender-Teams.

2. Gender-Teams haben Gender-Kompetenz und sind sich der „Ungleichzeitigkeit des Dialogs" zwischen Männern und Frauen bewusst. Sie beachten die Vielfalt von Lebenswirklichkeiten, Lebensentwürfen und sozioökonomischen sowie kulturellen Prägungen der Geschlechter (Gender Diversity).

3. Gender-Trainerinnen und Gender-Trainer nehmen regelmäßig an (kollegialer) Supervision teil, um die eigene Geschlechtersensibilität ständig weiterzuentwickeln, die Arbeit im Gender-Team zu reflektieren und sich fachlich weiterzubilden (gender-orientierte Supervision). Sie können ihre Beratungs- und Trainingskompetenz nachweisen.

4. Gender-Teams sensibilisieren für Geschlechterfragen und vermitteln Gender als Analysekategorie und Handlungsaufforderung. Damit tragen sie zur Versachlichung von Geschlechterfragen in Organisationen bei. Die Sensibilisierung dient der Reflexion von Geschlechterhierarchien sowie Geschlechterrollen und Geschlechterrollenbildern auf der Handlungs-, Verhaltens- und strukturellen Ebene (Perspektivenwechsel, Gender-Dialog).

5. Gender-Teams vermitteln Instrumente zur praktischen Anwendung von Gender: zum Beispiel Gender-Budget-Analyse, Gender-Leitfragen, 3-R-Methode, gender-orientierte Programm- und Projektplanung (GOPP) etc.

6. Gender-Teams legen ihren Ansatz und ihre wichtigsten Methoden offen, zum Beispiel Supervision oder systemischer Ansatz. Kollegiale Beratung ist ein wichtiges Instrument im Gender-Training. Gender-Teams reflektieren ihre Arbeit und Rolle als Gender-Trainer und Gender-Trainerin in der auftraggebenden Organisation. Wie weit sind sie anschlussfähig für die Organisation? Was sind die Normen der Organisation?

7. Gender-orientierte Beratung differenziert sich fachbezogen zunehmend aus. Gender-Trainer/innen bzw. Gender-Berater/innen verfügen über fach- und feldspezifische Spezialisierungen, zum Beispiel in Bezug auf Organisationen wie Verwaltungen, Krankenkassen, Verbände, Nichtregierungsorganisationen, oder mit Bezug auf Themen wie zum Beispiel Personalentwicklung, oder sie verknüpfen ihren ursprünglichen Beruf mit Gender-Kompetenz.

Glossar

Doing gender

Der Begriff „doing gender" bezeichnet die alltägliche interaktive Darstellung sowie die Wahrnehmungs- und Zuweisungsprozesse von Geschlecht. Der Begriff wurde in den 80er Jahren von Candance West und Don H. Zimmermann eingeführt. Geschlecht wird hier als ein Herstellungsprozess bzw. als Klassifikationsschema begriffen. In der empirischen Frauen- und Geschlechterforschung ist die Frage, ob ein „undoing gender" in der alltäglichen Interaktion möglich ist, bzw. unter welchen Bedingungen Prozesse der Geschlechtsunterscheidung in den Hintergrund treten können, noch ungeklärt.

Frauen- bzw. Gleichstellungspolitik

Ziel der institutionalisierten Frauenpolitik ist es, die gleichberechtigte Teilhabe von Frauen in der Gesellschaft durchzusetzen. Frauenpolitik und Gleichstellungspolitik werden in der Regel synonym verwendet. Gleichstellungspolitik umfasst alle politischen Strategien, Maßnahmen, Programme etc., die der Verwirklichung von Gleichberechtigung von Frauen und Männern dienen.

Frauenförderung

Frauenförderung bezeichnet die Entwicklung und das Angebot von besonderen Maßnahmen zur Förderung von Frauen. Der Begriff Frauenförderung wird seit einigen Jahren von feministischer Seite dahingehend kritisiert, dass der Begriff suggeriere, Frauen seien defizitär und diese Defizite sollen abgebaut werden. Implizit werde ein als „männlich" geltender Maßstab angelegt. Spezielle Maßnahmen zur Förderung von Frauen erweisen sich aufgrund ihrer strukturellen Benachteiligung als sinnvoll, wie bspw. die Errichtung einer Frauenquote, das Stärken von Kompetenzen und Durchsetzungsfähigkeit durch Fort- und Weiterbildungen etc. Vor allem in der entwicklungspolitischen Zusammenarbeit, wo frauenspezifische Projekte,

Fraueninitiativen und Frauenorganisationen unterstützt werden, haben sowohl autonome als auch integrative Frauenförderansätze mittlerweile eine langjährige Tradition. Instrumente der Frauenförderung können intern und extern angewandt werden. Die interne Frauenförderung arbeitet im Rahmen der Personalpolitik, die externe beschäftigt sich mit Frauenförderung in den politischen Handlungsfeldern.

Gemeinschaftsaufgabe Geschlechterdemokratie

Gemeinschaftsaufgabe Geschlechterdemokratie ist eine organisationsbezogene Strategie zur Verwirklichung von Geschlechtergerechtigkeit. Die Gemeinschaftsaufgabe Geschlechterdemokratie wird in der Heinrich-Böll-Stiftung seit Mitte 1997 umgesetzt. Sie verbindet Personal- und Organisationsentwicklung mit Gender-Perspektiven, den organisationsbezogenen Ansatz mit individueller Verantwortung (Gender-Kompetenz der Einzelnen) und bedeutet die Integration von Gender in alle fachspezifischen Politik- und Handlungsfelder der Stiftung.

Gender

Der Begriff Gender stammt aus dem Englischen und bezeichnet zunächst, analog zum deutschen Begriff Genus, das grammatikalische Geschlecht. In den 70er Jahren wurde der Begriff Gender vom US-amerikanischen Feminismus adaptiert und anschließend in den deutschsprachigen Feminismus eingeführt. Das feministische Ziel bestand darin, eine biologisch determinierte Vorstellung von Geschlecht zu widerlegen. In der Regel wird der Begriff Gender mit „das soziale Geschlecht" übersetzt. Das soziale Geschlecht und das biologische Geschlecht (engl. sex) werden analytisch getrennt, da das soziale Geschlecht nicht ohne die körperliche Gestalt bzw. das jeweils zugeordnete biologische Geschlecht wahrnehmbar ist.

Gender-Analyse

Die Durchführung einer Gender-Analyse ist eine der wichtigsten Voraussetzungen für den Erfolg der Implementierung einer geschlechterbezogenen gleichstellungspolitischen Strategie. Ihre Ergebnisse dienen als Grundlage für die Formulierung von geschlechterdemokratischen Zielen und der Entwicklung von adäquaten Maßnahmen einer Organisation. Eine Gender-Analyse umfasst Leitfragen, anhand derer die Organisation, ihre Arbeitsplätze und Aufgaben unter einem gender-bezogenen Blickwinkel systematisch untersucht werden. Sie dient der Untersuchung des Ist-Zustands einer

Organisation. Die Leitfragen beziehen sich z.B. auf die strukturellen Bedingungen, die dazu führen, dass Frauen und Männer eingeschränkt bzw. privilegiert werden, oder auf die institutionelle Geschichte einer Organisation, ihre Kultur, Werte und Normen, die personelle Zusammensetzung etc. Die Gestaltung des Arbeitsplatzes sowie die fachlichen Inhalte werden ebenfalls anhand von spezifischen gender-bezogenen Leitfragen untersucht.

Gender-Budgeting

Gender-Bugeting ist ein finanzpolitisches Instrument zur Herstellung von Geschlechtergerechtigkeit. Man könnte auch sagen, es ist die Umsetzung von Gender Mainstreaming im Haushalts- und Finanzbereich. Es geht hierbei um die gender-bezogene Analyse von Staats-, Landes- oder Kommunalhaushalten bzw. um die Analyse der Verteilung und Inanspruchnahme von Haushaltsmitteln, Fördergeldern etc. Das Gender-Budgeting umfasst verschiedene Instrumente wie zum Beispiel die geschlechtsspezifische Nutzenanalyse, die geschlechtsdifferenzierte Analyse der Ausgabenstruktur, die Analyse von Besteuerungsmaßnahmen sowie die Analyse der Zeitbudgets von Frauen und Männern und ihre Auswirkung auf das Volkseinkommen. Verschiedene Länder und Kommunen in Deutschland versuchen mit dem Instrument des Gender-Budgeting zu arbeiten.

Gender-Checklisten

Gender-Checklisten sind Fragenkataloge, die dazu dienen, die Durchführung einer gender-bezogenen Analyse zu erleichtern. Diese Checklisten sollen im Vorfeld, d.h. bereits in der Planungs- und Entwicklungsphase eines Programms (oder einer Maßnahme etc.) angewandt werden, um dessen gleichberechtigte Ausgestaltung und Nutzung für Frauen und Männer zu gewährleisten.

Gender Diversity

Gender-Diversity bezeichnet Intersektionalität, d.h. die Verbindung der Kategorie Geschlecht mit anderen gesellschaftspolitisch relevanten sozialen Differenzierungskategorien (z.B. Alter, ethnische Herkunft, sexuelle Orientierung, Religion, körperliche Befähigung, Ost/West, Klasse bzw. Schicht oder Milieu). Empirische Untersuchungen hinsichtlich des Zusammenspiels verschiedener Kategorien stehen in der deutschsprachigen Frauen- und Geschlechterforschung noch am Anfang.

Gender Impact Assessment

Das Gender Impact Assessment ist eine Methode bzw. ein Instrument zur Gender-Folgenabschätzung, d.h. Maßnahmen, Programme etc. werden im Vorfeld auf ihre Auswirkungen auf Frauen und Männer hin geprüft. Es handelt sich demnach um eine sogenannte „Ex-ante-Evaluation", so dass die Ergebnisse in den jeweiligen Politikprozess einbezogen werden können.

Gender-Kompetenz

Gender-Kompetenz gilt als eine Schlüsselqualifikation für die Implementierung gleichstellungspolitischer Strategien. Sie umfasst das Wissen über die gesellschaftliche Ausgestaltung der Geschlechterverhältnisse sowie die politischen Strukturen, die diese bedingen, das Wissen über Strategien zur Verwirklichung von Geschlechtergerechtigkeit und die Fähigkeit, dieses Wissen in verschiedenen Bereichen (im Fachgebiet, im alltäglichen Umgang mit Menschen etc.) anzuwenden. Die Entwicklung von Gender-Kompetenz setzt ein hohes Maß an Reflexionsfähigkeit bezüglich der eigenen Geschlechtsidentität und Geschlechterrolle sowie an Sensibilisierung für die Bedeutung von Geschlecht in Politik, Gesellschaft und alltäglichen Interaktionen voraus.

Gender Mainstreaming

Gender Mainstreaming bezeichnet die geschlechterpolitische Strategie der Europäischen Union zur Verwirklichung von Gleichstellung und Chancengleichheit von Frauen und Männern. Gender Mainstreaming bezieht sich auf die (Re-)Organisation, Verbesserung, Entwicklung und Evaluierung von Entscheidungsprozessen in allen Politik- sowie in allen Arbeitsbereichen einer Organisation. Es bedeutet, die Anerkennung von Geschlecht als Strukturkategorie und diese im Vorfeld in alle politischen Konzepte und Maßnahmen systematisch einzubeziehen und für die Gleichstellung von Frauen und Männern nutzbar zu machen. Gender Mainstreaming ist als eine Doppelstrategie konzipiert, d.h. neben Maßnahmen, die sich auf beide Geschlechter beziehen, werden auch Instrumente der Frauenförderung angewandt. Im Rahmen des Gender Mainstreaming und anderer geschlechterbezogenen Gleichstellungsstrategien wird Gender als Analysekategorie genutzt und damit auch als strukturbildende Kategorie anerkannt. Der Fokus richtet sich damit auf die Ausgestaltung der Geschlechterverhältnisse, deren Rahmenbedingungen sowie die Veränderung vorhandener geschlechtsspezifischer Machtstrukturen.

Gender-orientierte Beratung und Coaching

Gender-orientierte Beratung und Coaching sind Instrumente zur Unterstützung der Einführung und Anwendung geschlechterpolitischer Strategien wie Gender Mainstreaming in Organisationen. Während Gender-Beratung die fachbezogene Anwendung von Gender begleitet, bezeichnet Gender-Coaching die gezielte Unterstützung von weiblichen und männlichen Führungskräften, Steuerungsgruppen, weiblichen und männlichen Gender-Beauftragten etc. während des Implementierungsprozesses. Gender Coaching ist die personenbezogene Beratung und Begleitung, während sich die gender-orientierte Beratung auf die fachliche Unterstützung der Mitarbeitenden bei der Umsetzung und Lösung spezifischer Fragen bezieht.

Gender-Training

Gender-Trainings sind Fort- und Weiterbildungsmaßnahmen mit unterschiedlichen Schwerpunkten zur Entwicklung und Förderung von Gender-Kompetenz. Es geht bspw. um die Sensibilisierung und das Bewusstmachen der Bedeutung von Geschlecht im Arbeitsfeld und im alltäglichen Umgang, um die Anwendung geschlechterbezogener Gleichstellungsstrategien, die Entwicklung von gleichstellungsorientierten Maßnahmen und um die Anwendung von gender-bezogenen Instrumenten in Organisationen und Unternehmen.

Geschlechterbezogene Chancengleichheit

Geschlechterbezogene Chancengleichheit ist eine gesellschafts- und kulturpolitische Forderung, nach der Frauen und Männer gleiche Lebens- und Sozialchancen in Ausbildung und Beruf haben sollen. Frauen und Männer sollen unabhängig von ihrem Geschlecht gleiche Chancen und Zugänge zu Bildungs- und Berufswegen erhalten. Chancengleichheit gilt als erreicht, wenn alle Barrieren hinsichtlich dieser Zugänge abgebaut sind.

Geschlechterdemokratie

Geschlechterdemokratie ist für die Heinrich-Böll-Stiftung politisches Leitbild, gesellschaftliche Vision und Organisationsprinzip gleichermaßen. Geschlechterdemokratie meint ein von Abhängigkeit und Dominanz freies Verhältnis der Geschlechter. Ziel ist die demokratische Ausgestaltung einer Gesellschaft, d.h. die Vertretung der Bürgerinnen und Bürger unter Berücksichtigung der unterschiedlichen Ausgangsbedingungen und Bedürfnisse in ihrer Vielfalt. Demokratische Verhältnisse sind dann erreicht, wenn die Zugänge von Frauen und Männern auf allen Ebenen, d.h. gesellschaftlich, politisch, sozial, ökonomisch und kulturell, gleichberechtigt möglich sind. Geschlechterdemokratie impliziert die gleiche Partizipation von Frauen und Männern in Politik, Öffentlichkeit und Ökonomie, die Erweiterung und Sicherung der gerechten Neuverteilung und Neubewertung gesellschaftlicher Arbeit zwischen Frauen und Männern sowie den Abbau und die Verhinderung autoritärer und gewalttätiger Strukturen zwischen den Geschlechtern.

Geschlechterdialog

Geschlechterdialog ist zum einen eine Methode zur Einübung des Perspektivenwechsels, zum anderen der Austausch über unterschiedliche Zugänge von Männern und Frauen in der Fach- und Teamarbeit. Durch die Auseinandersetzung über Geschlechterfragen soll eine andere Form des Verständnisses entwickelt werden, das Geschlechterdemokratie und gleiche Teilhabe von Frauen und Männern erfasst. Geschlechterdialog findet auf verschiedenen Ebenen statt und braucht bestimmte Rahmenbedingungen, damit neue Perspektiven erschlossen werden können.

Geschlechter- bzw. Gleichstellungspolitik

Siehe Stichwort „Frauen- bzw. Gleichstellungspolitik"

Geschlechtsbezogene Unterschiede

Geschlechtsbezogene Unterschiede zwischen Männern und Frauen kommen aufgrund von unterschiedlichen Sozialisationsprozessen, Lebenslagen und Erfahrungen zustande. Sie sind sozial und kulturell geprägt, veränderbar und daher „konstruiert". Was als „weiblich" und was als „männlich" angesehen wird, ist eine Zuschreibung, die nicht vom biologischen Geschlecht, sondern von den individuellen, gesellschaftlichen und kulturellen Kontexten abhängt.

Männerpolitik

Männerpolitik ist als Begriff erst in den letzten Jahren von geschlechterpolitisch engagierten Männern als Gegengewicht und Ergänzung zur Frauenpolitik in die öffentlich Debatte gebracht worden. Gemeint sind geschlechterpolitische Aktivitäten und Auseinandersetzungen mit Fokus auf „männliche" Zugänge. Es geht um Männerrollenbilder und deren Auswirkungen auf Politik und gesellschaftliche Geschlechterverhältnisse, um Visionen von einem „anderen Leben", welches es Männern ermöglicht, jenseits von traditionellen Geschlechterrollen (z.b. aktive Vaterschaft und gleichberechtigte Partnerschaften) zu leben. Mit dem Begriff verbindet sich die Vorstellung, dass eine geschlechterdemokratische Geschlechterpolitik frauen- und männerpolitische Positionen und Zugänge benötigt.

Literatur

von Bargen, Henning (1999): Leitbild – Die geschlechterdemokratische Organisation. Steuerungs- und Umsetzungskonzept, Instrumente und Maßnahmen. In: Krannich, Margret (Hg.): Geschlechterdemokratie in Organisationen. Frankfurt am Main.

von Bargen, Henning / Schambach, Gabriele (2004): Gender Mainstreaming als Organisationsveränderungsprozess – Instrumente zur Umsetzung von Gender Mainstreaming. In: Meuser, Michael / Neusüß, Claudia: Gender Mainstreaming. Bonn.

von Bargen, Henning / Schambach, Gabriele (2003): Geschlechterdemokratie in der Praxis. In: Heinrich-Böll-Stiftung (Hg.): Geschlechterdemokratie wagen. Königstein/ Taunus.

Becker, Ruth / Kortendiek, Beate (Hg.) (2004): Handbuch Frauen- und Geschlechterforschung. Theorie, Methoden, Empirie. Wiesbaden.

Becker-Schmidt, Regina / Knapp, Gudrun-Axeli (Hg.) (1995): Das Geschlechterverhältnis als Gegenstand der Sozialwissenschaften. Frankfurt am Main.

Behning, Ute / Sauer, Birgit (Hg.) (2005): Was bewirkt Gender Mainstreaming? Evaluierung durch Policy-Analysen. Frankfurt am Main.

Bentheim, Alexander / May, Michael / Sturzenhecker, Benedikt / Winter, R. (2004): Gender Mainstreaming in der Jungenarbeit. Weinheim und München.

Berninghausen, Jutta (2004): Gender Training zur interkulturellen Kompetenz – Überlegungen zu Gender Training, interkultureller Kommunikation und Managing Diversity. In: Netzwerk Gender Training (Hg.): Geschlechterverhältnisse bewegen. Erfahrungen mit Gender Training. Königstein/Taunus.

Blickhäuser, Angelika (2005): Gender-Beratung und gender-orientierte Evaluation. In: Rainer Nickel (Hg.): Gender – Interkulturelle Kompetenz – Mediation. Das Projekt PRIMA: Konzeption und Evaluation, 2005, S. 72ff.

Blickhäuser, Angelika (2003): Beispiele zur Umsetzung von Geschlechterdemokratie und Gender Mainstreaming in Organisationen. Heinrich-Böll-Stiftung (Hg.) in Zusammenarbeit mit den Landesstiftungen: Schriften zur Geschlechterdemokratie Nr. 3, 2. Aufl., Berlin.

Blickhäuser, Angelika (2002a): Gender-Orientierung in Organisationen. Gender-Beratung und Gender-Trainings – Instrumente zur Umsetzung geschlechterpolitischer Strategien in Organisationen. In: Baaken, Uschi / Plöger, Lydia (Hg.): Gender Mainstreaming – Konzepte und Strategien zur Implementierung an Hochschulen. Bielefeld.

Blickhäuser, Angelika (2002b): „Geschlechterdemokratie – eine Gemeinschaftsaufgabe der Heinrich-Böll-Stiftung", in: HLZ, Zeitschrift der GEW / Hessen für Erziehung, Bildung, Forschung, 55. Jahr, Heft 2.

Blickhäuser, Angelika (2002c): Gender-Kompetenz durch Gender-Tainings. In: Bundeszentrale für politische Aufklärung. Köln.

Blickhäuser, Angelika / von Bargen, Henning (2005): Gender-Mainstreaming-Praxis. Arbeitshilfen zur Anwendung der Analysekategorie „Gender" in Gender Mainstreaming-Prozessen. Heinrich-Böll-Stiftung Berlin.

Blickhäuser, Angelika / von Bargen, Henning (2004): Wege zu Gender-Kompetenz. Gender Mainstreaming mit Gender-Training umsetzen. 2. Auflage. Heinrich-Böll-Stiftung Berlin.

Blickhäuser, Angelika / von Bargen, Henning (2003a): Erfahrungen mit Gender-Trainings als Instrument geschlechterpolitischer Praxis – ein Interview. In: Heinrich-Böll-Stiftung (Hg.): Geschlechterdemokratie wagen. Königstein/Taunus.

Blickhäuser, Angelika / von Bargen, Henning (2003b): Gender-Kompetenz durch Gender-Taining. In: Schacherl, Ingrid (Hg.): Gender Mainstreaming. Kritische Reflexionen. Innsbruck.

Blickhäuser, Angelika / von Bargen, Henning (2003c): Gender Training als Instrument von Personal- und Organisationsentwicklung. In: Hangebrauck, Uta-Maria u.a. (Hg.): Handbuch Betriebsklima. München.

Blickhäuser, Angelika / von Bargen, Henning (2001): Gemeinschaftsaufgabe Geschlechterdemokratie – Gender-Trainings als Instrument zur Umsetzung der Gemeinschaftsaufgabe und Profilentwicklung von Einrichtungen. In: Landesinstitut für Schule und Weiterbildung (Hg.): Mit der Genderperspektive Weiterbildung gestalten. Soest.

Blickhäuser, Angelika / von Bargen, Henning (2000): Gemeinschaftsaufgabe Geschlechterdemokratie – Gender-Trainings als Instrument zur Umsetzung der Gemeinschaftsaufgabe und Profilentwicklung von Einrichtungen. Heinrich-Böll-Stiftung Berlin.

Blickhäuser, Angelika / von Bargen, Henning (1999): Gender-Trainings – ein Modell zur Implementierung der Gemeinschaftsaufgabe Geschlechterdemokratie. In: Krannich, Margret (Hg.): Geschlechterdemokratie in Organisationen. Dokumentation einer Fachtagung vom 10. und 11. Juni 1999 in Frankfurt am Main. Fulda.

Blickhäuser, Angelika / Class, Christine (2002): „Gender-orientierte Qualität in der Supervision", in: DGSv aktuell 2.

Blickhäuser, Angelika / Raschke Christian (2005): „Fallbeispiele für die Supervision mit Gender-Kompetenz", in: Supervision: Mensch Arbeit Organisation. 2/2005. S. 59ff.

Boos, F. (1992): Projektmanagement. In: Königswieser, Roswitha / Lutz, Christian (Hg.): Das systemisch-evolutionäre Management. Neue Horizonte für Unternehmen. Wien.

Bothfeld, Silke u.a. (Hg.) (2002): Gender Mainstreaming – Eine Innovation in der Gleichstellungspolitik. Zwischenberichte aus der politischen Praxis. Frankfurt am Main.

Brandes, Holger / Roemheld, Regine (1998): Männernormen und Frauenrollen: Geschlechterverhältnisse in der sozialen Arbeit. Leipzig.

Bruhns, Kirsten (Hg.) (2004): Geschlechterforschung in der Kinder- und Jugendhilfe, Praxisstand und Forschungsperspektiven. Wiesbaden.

Bürmann, Andrea / Diezinger, Angelika / Metz-Göckel, Sigrid (2000): Arbeit, Sozialisation, Sexualität, Zentrale Felder der Frauen- und Geschlechterforschung. Opladen.

Bundesanstalt für Arbeit (2001) (Hg.): Gender Mainstreaming. Es wird Zeit... Chancengleichheit von Frauen und Männern am Arbeitsmarkt. Herausgegeben in der Reihe: Informationen für die Beratungs- und Vermittlungsdienste (ibv 20/01). Nürnberg.

Bundesministerium für Bildung, Wissenschaft, Forschung und Technologie / Bundesinstitut für Berufsbildung (1997): Qualitätssicherung und Chancengleichheit in der beruflichen Aus- und Weiterbildung. Berlin.

Bundesministerium für Familie, Senioren, Frauen und Jugend (Hg.) (2002): Gender Mainstreaming – was ist das? Berlin.

Connell, R.W. (1995): Neue Richtungen für Geschlechtertheorie, Männlichkeitsforschung und Geschlechterpolitik. In: Armbruster, Christoph / Müller, Ursula / Stein-Hilbers, Marlene (Hg.): Neue Horizonte? Sozialwissenschaftliche Forschung über Geschlechter und Geschlechterverhältnisse. Geschlecht und Gesellschaft, Bd. 1. Opladen.

Die Grünen im Landtag NRW (2003): Sperriger Name – lohnendes Ziel: Gender-Budgeting, Dokumentation einer Veranstaltung im September 2003. Düsseldorf.

Döge, Peter (2001a): Gender Mainstreaming als Modernisierung von Organisationen. Ein Leitfaden für Frauen und Männer. Institut für anwendungsorientierte Innovations- und Zukunftsforschung e.V., IAIZ-Schriften Bd. 2, Berlin.

Döge, Peter (2001b): Geschlechterdemokratie als Männlichkeitskritik. Blockaden und Perspektiven einer Neugestaltung des Geschlechterverhältnisses. Wissenschaftliche Reihe Band 138, Bielefeld.

Döge, Peter (1999): Männerforschung als Beitrag zur Geschlechterdemokratie, Ansätze kritischer Männerforschung im Überblick. Eine Literaturstudie im Auftrag des Bundesministeriums für Familie, Senioren, Frauen und Jugend. Bonn.

Döge, Peter / Meuser, Michael (Hg.) (2001): Männlichkeit und soziale Ordnung. Neuere Beiträge zur Geschlechterforschung. Opladen.

Dzalakowski, Ingrid (1995): Gender Working. Männer und Frauen im Team. Synergien nutzen, Potentiale erschließen. Wiesbaden.

Engelfried, Constanze (2000): Strategien im Umgang mit Männlichkeiten. Vortrag im Rahmen der Tagung „Männerlernprozesse – vor dem Aufschwung oder im Rückschlag?", Heinrich-Böll-Stiftung am 11./ 12. Februar 2000, unveröff. Manuskript.

Europäische Kommission (2000): Technisches Papier 3, Einbeziehung der Chancengleichheit von Frauen und Männern in die Strukturfondsmaßnahmen. (http://europa. eu.int/comm/employment-social/equ-opp/information-de.html)

Europäische Kommission, Generaldirektion Beschäftigung, Arbeitsbeziehungen und soziale Angelegenheiten, Referat V/D.5 (1997): Leitfaden zur Bewertung geschlechtsspezifischer Auswirkungen, Gleichbehandlung von Frauen und Männern, Luxemburg.

Europarat (1998): Gender Mainstreaming. Konzeptueller Rahmen, Methodologie und Beschreibung bewährter Praktiken. Straßburg.

Feuerbach, Susanne (2003): Geschlechterdemokratische Beteiligung im Rahmen kommunaler Sozialplanung. Stiftung Mitarbeit, Bonn.

Forster, Helga / Lukoschaft, Helga / Schaeffler-Hegel, Barbara (Hg.) (1998): Die ganze Demokratie. Zur Professionalisierung von Frauen für die Politik. Berlin.

Forum Wissenschaft (2001): Alles Gute von oben? Gender Mainstreaming in der Diskussion. Zeitschrift des Bundes demokratischer Wissenschaftlerinnen und Wissenschaftler, 2/2001, 18. Jahrgang.

Frey, Regina (2004): Warum Männer und Frauen zuhören und einparken können – oder warum eine theoretisch inspirierte Gender-Praxis angebracht ist. In: Netzwerk Gender Training (Hg.): Geschlechterverhältnisse bewegen

Frey, Regina (2003): Gender im Mainstreaming, Geschlechtertheorie und -praxis im internationalen Diskurs. Königsstein.

Gardenswartz / Rowe (2003): Diverse Teams at Work, SHRM, Alexandria, USA.

Gemeinnützige Hertie-Stiftung (Hg.) (1998): Mit Familie zum Unternehmenserfolg. Impulse für eine zukunftsfähige Personalpolitik. Frankfurt am Main.

Geppert, U. (o.J.): Organisation und Politik, Competence Consulting Potsdam.

Goetz, A.M. (Hg.) (1997): Die Gender-Archäologie von Organisationen und Institutionen. In: Getting Institutions Right for Women in Development, London. (Übersetzt von Edda Kirleis)

Goldmann, Monika (2001): Das Konzept des Gender Mainstreaming: Ziele, Strategien, Instrumente. In: Die Grünen im Landtag NRW (Hg.): Gender Mainstreaming. Eine Chance für Frauen. Dokumentation einer Veranstaltung am 26. Oktober 2001.

Gruber, Christine / Fröschl, Elfriede (Hg.) (2001): Gender-Aspekte in der Sozialen Arbeit. Wien.

Heinrich-Böll-Stiftung (Hg.) (2005): Männer und Arbeit – Zukunft der Arbeit(slosigkeit). Dokumentation einer Tagung der Heinrich-Böll-Stiftung mit dem „Forum Männer in Theorie und Praxis der Geschlechterverhältnisse". Schriften zur Geschlechterdemokratie Nr. 11. Berlin.

Heinrich-Böll-Stiftung (Hg.) (2004a): Geschlechterdemokratie wagen. Königstein.

Heinrich-Böll-Stiftung (Hg.) (2004b): Männlichkeit und Krieg. Dokumentation einer Tagung der Heinrich-Böll-Stiftung mit dem „Forum Männer in Theorie und Praxis der Geschlechterverhältnisse". Schriften zur Geschlechterdemokratie Nr. 10. Berlin.

Heinrich-Böll-Stiftung (Hg.) (2004c): Akteure des Wandels – Männer im Gender Mainstreaming. Dokumentation einer Tagung der Heinrich-Böll-Stiftung mit dem „Forum Männer in Theorie und Praxis der Geschlechterverhältnisse". Schriften zur Geschlechterdemokratie Nr. 9. Berlin.

Heinrich-Böll-Stiftung (Hg.) (2003a): Männer und Sex(ualität). Dokumentation einer Tagung der Heinrich-Böll-Stiftung mit dem „Forum Männer in Theorie und Praxis der Geschlechterverhältnisse". Schriften zur Geschlechterdemokratie Nr. 8. Berlin.

Heinrich-Böll-Stiftung (Hg.) (2003b): Konflikt und Geschlecht. Dokumentation einer Tagung der Heinrich-Böll-Stiftung mit dem „Forum Männer in Theorie und Praxis der Geschlechterverhältnisse". Schriften zur Geschlechterdemokratie Nr. 7. Berlin.

Heinrich-Böll-Stiftung (Hg.) (2002a): Die Gemeinschaftsaufgabe Geschlechterdemokratie in der Heinrich-Böll-Stiftung. Berlin.

Heinrich-Böll-Stiftung (Hg.) (2002b): Vater werden, Vater sein, Vater bleiben. Dokumentation einer Tagung der Heinrich-Böll-Stiftung mit dem „Forum Männer in Theorie und Praxis der Geschlechterverhältnisse". Schriften zur Geschlechterdemokratie Nr. 6. Berlin.

Heinrich-Böll-Stiftung (Hg.) (2002c): Mann oder Opfer? Dokumentation einer Tagung der Heinrich-Böll-Stiftung mit dem „Forum Männer in Theorie und Praxis der Geschlechterverhältnisse". Schriften zur Geschlechterdemokratie Nr. 4. Berlin.

Heinrich-Böll-Stiftung (Hg.) (2002d): Alles Gender? Oder was? Dokumentation einer Tagung der Heinrich-Böll-Stiftung mit dem „Forum Männer in Theorie und Praxis der Geschlechterverhältnisse". Schriften zur Geschlechterdemokratie Nr. 1 (2. Auflage). Berlin

Heinrich-Böll-Stiftung (Hg.) (2001a): Gender & Environment in der praktischen Umweltpolitik. Werkstattgespräch der Heinrich-Böll-Stiftung in Zusammenarbeit mit dem Bundesumweltministerium am 21. September 2000 in Berlin. Dokumentationen der Heinrich-Böll-Stiftung Nr. 10. Berlin.

Heinrich-Böll-Stiftung (Hg.) (2001b): Geschlechterdemokratische Dialoge V: „Männlich. Weiblich. Rechtsextrem." Dokumentation einer Veranstaltung vom 27. März 2001. Berlin.

Heinrich-Böll-Stiftung (Hg.) (2000a): Geschlechterdemokratische Dialoge IV: Gender Mainstreaming + Empowerment = Geschlechterdemokratie?! Dokumentation einer Veranstaltung vom 10. Oktober 2000. Berlin.

Heinrich-Böll-Stiftung (Hg.) (2000b): Geschlechterdemokratische Dialoge III: Gender Mainstreaming in Wirtschaft und Wirtschaftspolitik, Dokumentation der Veranstaltung vom 11. Juli 2000. Berlin.

Heinrich-Böll-Stiftung (Hg.) (2000c): Geschlechterdemokratische Dialoge I: Idee und Theorie von Geschlechterdemokratie. Dokumentation der Veranstaltung vom 5. April 2000. Berlin.

Heinrich-Böll-Stiftung (Hg.) (1999): Mütterlichkeit und Väterlichkeit in West und Ost. Dokumentation einer Tagung der Heinrich-Böll-Stiftung in Zusammenarbeit mit Katrin Rohnstock vom 4.-5. Februar 1999. Berlin.

Höying, Stephan / Puchert, Ralf (1998): Die Verhinderung der beruflichen Gleichstellung. Männliche Verhaltensweisen und männerbündische Kultur. Bielefeld.

Hurrelmann, Klaus / Kolip, Petra (Hg.) (2002): Geschlecht, Gesundheit und Krankheit. Männer und Frauen im Vergleich. Bern.

Institut für anwendungsorientierte Innovations- und Zukunftsforschung (1999): Ökologie und Geschlechterdemokratie. Unveröff. Expertise für das Querschnittsreferat Geschlechterdemokratie der Heinrich-Böll-Stiftung. Wissenschaftliche Bearbeitung: Dr. Peter Döge, Berlin.

Internationales Netzwerk Weiterbildung (INET) e.V. (Hg.) (2005): Genderkompetenz. Ein Reader für die Praxis. Dreiskau-Muckern.

ISA Consult (2003): „Gender Mainstreaming nutzt Versicherten und PatientInnen und ihren Krankenkassen!" Dokumentation des Fachdialogs am 15.9.2003 in Berlin.

Jaenicke, U. (2001): Zum Verständnis von Demokratie und Geschlecht im Hinblick auf „Geschlechterdemokratie" der Heinrich-Böll-Stiftung. Unveröffentlichte Diplomarbeit am Fachbereich Soziologie an der Hochschule für Wirtschaft und Politik. Hamburg.

Jansen, Mechthild M. u.a. (2003): Gender Mainstreaming. München.

Kaschuba, Gerrit (2004a): Gender Training: Feministische Erbschaft mit Verantwortung? In: Netzwerk Gender Training (Hg.): Geschlechterverhältnisse bewegen. Erfahrungen mit Gender Training. Königstein/Taunus.

Kaschuba, Gerrit (2004b): Von der Wundertüte zum kontrollierten Einsatz? In: Netzwerk Gender Training (Hg.): Geschlechterverhältnisse bewegen. Erfahrungen mit Gender Training. Königstein/Taunus.

Keddi, Barbara / Pfeil, Patricia (1999): Lebensthemen junger Frauen, die andere Vielfalt weiblicher Lebensentwürfe. Opladen.

Kerner, Ina (1999): Feminismus, Entwicklungszusammenarbeit und Postkoloniale Kritik. Eine Analyse von Grundkonzepten des Gender-and-Development-Ansatzes. Berlin.

Klett, Joachim (2003): Geschlechterdemokratie ist das Ziel – Gender Mainstreaming der Weg. In: Jansen, Mechthild M. u.a.: Gender Mainstreaming. München.

Koppetsch, Cornelia / Burkart, Günther (1999): Die Illusion der Emanzipation. Zur Wirksamkeit latenter Geschlechtsnormen im Milieuvergleich. Konstanz.

Krannich, Margret (1999): Geschlechterdemokratie in Organisationen. Dokumentation einer Fachtagung der Hessischen Gesellschaft für Demokratie und Ökologie (Heinrich-Böll-Stiftung Hessen) vom 10. und 11. Juli 1999. Frankfurt /Main.

Krell, Gertraude (Hg.) (2004): Chancengleichheit durch Personalpolitik. 4. Auflage. Wiesbaden.

Krug, G. / Derichs-Kunstmann, K. / Bley, N. (Hg.) (2000): Methoden der politischen Erwachsenenbildung aus der Perspektive der Geschlechtergerechtigkeit. Materialien aus der Frauen- und Geschlechterforschung Bd. 3, Forschungsinstitut für Arbeiterbildung Recklinghausen.

Lange, Ralf (2006): Gender-Kompetenz für das Change Management. Gender & Diversity als Erfolgsfaktoren für organisationales Lernen in Transformationsprozessen. Erscheint im Herbst 2006 im Haupt Verlag, Bern.

Langmaack, Barbara / Braune-Krickau, Michael (1989): Wie die Gruppe laufen lernt. München.

Lorber, Judith (1999): Gender Paradoxien. Opladen.

Lukoschat, Helga (1998): Das Konzept der Geschlechterdemokratie und seine Umsetzung in Organisationen. In: Gleichstellungsstellen der Landeshauptstadt Stuttgart (Hg.): Chancen und Risiken der Verwaltungsreform für Frauen, Dokumentation. Stuttgart.

Maihofer, Andrea (1995): Geschlecht als Existenzweise. Frankfurt am Main.

Meentzen, Angela (2005): Leitfaden für Frauen- und Geschlechterpolitik, Studie für die Heinrich-Böll-Stiftung. Berlin.

Meentzen, Angela (1995): Gutachten zum Thema: Inhaltliche und strukturelle Verankerung der Gender- / Frauenförderung unter Berücksichtigung von Erfahrungen in anderen nichtstaatlichen und staatlichen Institutionen der Entwicklungszusammenarbeit. Berlin.

Meentzen, Angela / Gomariz, Enrique (2002): Umsetzung der Geschlechterdemokratie, unveröff. Studie zur methodischen und operativen Anwendung der Gemeinschaftsaufgabe Geschlechterdemokratie in der Planung und Evaluierung von Projekten. Heinrich-Böll-Stiftung, Fachreferat Evaluierung (Hg.), Berlin. (Übersetzung aus dem Spanischen von Beate Engelhardt)

Merz, Veronika u.a. (2001a): Salto, Rolle, Pflicht und Kür. Materialien zur Schlüsselqualifikation Gender-Kompetenz in der Erwachsenenbildung. Hrsg. in Zusammenarbeit mit dem Gleichstellungsbüro Basel-Stadt. Zürich.

Metz, Veronika (2001b): Salto, Rolle und Spagat. Basiswissen zum geschlechterbewussten Handeln in Alltag, Wissenschaft und Gesellschaft. Hrsg. in Zusammenarbeit mit dem Gleichstellungsbüro Basel-Stadt. Zürich.

Metz-Göckel, Sigrid / Roloff, Christiane (2005): Genderkompetenz als Schlüsselqualifikation. In: Internationales Netzwerk Weiterbildung (INET) e.V. (Hg.): Genderkompetenz. Ein Reader für die Praxis. Dreiskau-Muckern.

Meyer, Birgit (1997): Frauen im Männerbund, Politikerinnen in Führungspositionen von der Nachkriegszeit bis heute. Frankfurt am Main.

Ministerium für Arbeit, Soziales, Gesundheit und Frauen, Land Brandenburg (Hg.) (2001): Machbarkeitsstudie, Gender Mainstreaming in der Strukturfondsförderung des Landes Brandenburg. Ein koordiniertes und integriertes Konzept zur Förderung der Chancengleichheit von Frauen und Männern mit Hilfe des Strukturfonds. Bremen.

Ministerium für Bildung, Frauen und Jugend (Hg.) (2001): Gender Mainstreaming – eine praktische Einführung. Mainz.

Ministerium für Gesundheit und Soziales des Landes Sachsen-Anhalt (Hg.) (2003): Gender Mainstreaming in Sachsen-Anhalt, Konzepte und Erfahrungen. Opladen.

Ministerium für Arbeit, Frauen, Gesundheit und Soziales (Hg.) (2001): Gender Mainstreaming in Sachsen-Anhalt. Magdeburg.

Ministerium für Umwelt, Raumordnung und Landwirtschaft des Landes NRW (1999): Umsetzung der AGENDA 21 – Indikatoren zur Geschlechtergerechtigkeit, Beispiel Duisburg. Düsseldorf.

Meuser, Michael (1998): Geschlecht und Männlichkeit, Soziologische Theorie und kulturelle Deutungsmuster. Opladen.

Meuser, Michael / Neusüß, Claudia (2004): Gender Mainstreaming. Konzepte – Handlungsfelder – Instrumente. Bundeszentrale für politische Bildung. Bonn.

Netzwerk Gender Training (Hg.) (2004): Geschlechterverhältnisse bewegen. Erfahrungen mit Gender Training. Königstein/Taunus.

Neuberger, Oswald (1994): Personalentwicklung, 2. Auflage. Stuttgart.

Neusüß, Claudia (1999): Von der Frauenförderung zur Geschlechterdemokratie – Frauen und Männer müssen sich in Bewegung setzen! In: Krannich, Margret (Hg.): Geschlechterdemokratie in Organisationen. Frankfurt am Main.

Nickel, Rainer (Hg.) (2005): Das Projekt Prima: Konzeption und Evaluation, Projekt interkulturelle Mediation-Ausbildung. Friedewald.

Niedersächsisches Ministerium für Frauen, Arbeit und Soziales (o.J.): Beispiele aus der Praxis – Gender Mainstreaming in Niedersachsen. Gleiche Chancen. Gleiche Rechte. Politik mit Konsequenz. Hannover.

Niedersächsisches Ministerium für Frauen, Arbeit und Soziales (Hg.) (2002): Alles Gute von oben? Gender Mainstreaming in der Diskussion. Informationen und Impulse. Hannover.

Nohr, Barbara / Veth, Silke (Hg.) (2002): Gender Mainstreaming. Kritische Reflektionen einer neuen Strategie. Berlin.

Pat-Ex Autorenkollektiv (2004): Die Ressource der geschlechtlichen Identität – Identitätskritische Perspektiven in Gender Trainings. In: Netzwerk Gender Training (Hg.) (2004): Geschlechterverhältnisse bewegen. Erfahrungen mit Gender Training. Königstein/Taunus.

Peters, Sibylle / Bensel, Norbert (Hg.) (2002): Frauen und Männer im Management. Diversity in Diskurs und Praxis. 2. Auflage. Wiesbaden.

Pucher, Ralf / Höying, Stephan (2000): Die Ausbremser: wie Männer die Gleichstellung verhindern. Zürich.

Rodenberg, Birte / Wichterich, Christa (1999): Macht gewinnen. Eine Studie über Frauenprojekte der Heinrich-Böll-Stiftung im Ausland. Heinrich-Böll-Stiftung. Berlin

Roentgen, Markus (2001): 52 Wochen – ein ganzer Mann. Zugänge zur männlichen Lebensmitte. Münster.

Rösgen, Anne (2005): Gender Mainstreaming. Voraussetzungen für eine erfolgreiche Umsetzung. Hamburg.

Rose, Lotte (2004): Gender Mainstreaming in der Kinder- und Jugendarbeit. Weinheim und München.

Schäfer, Eva / Fritzsche, Bettina / Nagode, Claudia (Hg.) (2001): Geschlechterverhältnisse im sozialen Wandel. Interdisziplinäre Analysen zu Geschlecht und Modernisierung. Opladen.

Schön, Christine (1999): Szenarien betrieblicher Gleichstellungspolitik. Chancengleichheit als Unternehmensleitbild versus Gleichberechtigungsgesetz – eine exemplarische Studie in Banken und Sparkassen. Königstein/Taunus.

Sepehri, Paivand / Wagner, Dieter (2002): Diversity und Managing Diversity. Verständnisfragen, Zusammenhänge und theoretische Erkenntnisse. In: Peters, Sybille /

Bensel, Norbert (Hg.): Frauen und Männer im Management. Diversity in Diskurs und Praxis. 2. Auflage. Wiesbaden.

Stiegler, Barbara (2002): Gender Macht Politik. 10 Fragen und Antworten zum Konzept Gender Mainstreaming. Hrsg. von der Abteilung Arbeit und Sozialpolitik der Friedrich-Ebert-Stiftung. Bonn.

Stiegler, Barbara (2000): Wie Gender in den Mainstream kommt. Konzepte, Argumente und Praxisbeispiele zur EU-Strategie des Gender Mainstreaming. Hrsg. von der Abteilung Arbeit und Sozialpolitik der Friedrich-Ebert-Stiftung. Bonn.

Stiegler, Barbara (1998): Frauen im Mainstreaming. Politische Strategien und Theorien zur Geschlechterfrage. Hrsg. von der Abteilung Arbeit und Soziales der Friedrich-Ebert-Stiftung. Bonn.

Stolz-Willig, Brigitte / Veil, Mechthild (Hg.) (1999): Es rette uns kein höh`res Wesen. Feministische Perspektiven der Arbeitsgesellschaft. Hamburg.

Tondorf, Karin / Krell, Gertraude (1999): An den Führungskräften führt kein Weg vorbei. Edition der Hans-Böckler-Stiftung. Düsseldorf.

Stiftung Leben und Umwelt – Heinrich-Böll-Stiftung Niedersachsen (Hg.) (2003): Geschlechterdemokratie und Gender Mainstreaming in Organisationen. Untersuchung zum Stand der Umsetzung in Niedersachsen. Hannover.

Ver.di (2003): Gender Mainstreaming. Dokumentation der ver.di Fachtagung „Gesundheit und Geschlecht". Berlin.

Ver.di (Hg.) (2002): Gender Mainstreaming: Fit für Gender Mainstreaming – Informieren – Sensibilisieren – Qualifizieren bei ver.di. Berlin.

Weber, S. (1998): Organisationsentwicklung und Frauenförderung. Königstein/Taunus.

Weg, Marianne (2001): Gender Mainstreaming als Politikmethode für Geschlechterdemokratie. Wiesbaden.

Weg, Marianne (o.J.): Integrierte Geschlechterpolitik (Gender Mainstreaming) als Konzept für die Stadt der Zukunft. Veröffentlichung durch den Deutschen Städtetag.

Wenner, Ulrike (2001): Gender Mainstreaming – ein historischer Abriss, ibv 20/01

Wichterich, Christa (2000): Wir wollen unsere Rechte jetzt – und zwar mit Zinsen. Fünf Jahre nach der 4. Weltfrauenkonferenz in Peking: Bilanzen, Positionen, Perspektiven. Studien und Berichte der Heinrich-Böll-Stiftung Nr. 5. Berlin.

Wilz, Sylvia Marlene (2001): Organisation und Geschlecht. Strukturelle Bindungen und kontingente Kopplungen. Opladen.

Zulehner, Paul, M. / Volz, Rainer (1999): Männer im Aufbruch. Wie Deutschlands Männer sich selbst und wie Frauen sie sehen. Ein Forschungsbericht. Ostfildern.

Kurzbiographien

Angelika Blickhäuser, Institut für Gender Diversity Kompetenz, Jahrgang 1954. Dipl. Volkswirtin (Universität Köln), Dipl. Handelslehrerin (Universität Köln), Supervisorin mit Schwerpunkt Konfliktbearbeitung (DGSv). Langjährige Berufserfahrung in der nationalen und internationalen politischen Bildungsarbeit (Heinrich-Böll-Stiftung Köln und Berlin), seit 1998 freiberufliche Gender-Trainerin und -Beraterin, Projektauftrag in der AWO KV Köln zum Thema ehrenamtliches Engagement, Vorstandsmitglied im Bundesverband Gender Diversity – Fachverband für gender-kompetente Bildung und Beratung.
E-Mail: blickhaeuser@t-online.de   Internet: www.genderberatung.de

Henning von Bargen, Heinrich-Böll-Stiftung, Jahrgang 1959, Vater von vier Kindern. Studium der Soziologie, Erziehungswissenschaften, Ethnologie (M.A.) und Dipl. Pädagogik, Aufbaustudium Energie- und Umweltmanagement (TU Berlin), Ausbildung in Themenzentrierter Interaktion (TZI), Personalentwicklung und systemischer Gestaltung von Veränderungsprozessen. Gender-Trainer und Gender-Berater seit 1998. Langjährige Erfahrungen in der politischen und gewerkschaftlichen Bildungsarbeit. Seit 1997 Referent für die Gemeinschaftsaufgabe Geschlechterdemokratie der Heinrich-Böll-Stiftung. Vorstandsmitglied im Bundesverband Gender Diversity – Fachverband für gender-kompetente Bildung und Beratung.
E-Mail: vonbargen@boell.de   Internet: www.gendertraining.de

Zum Weiterlesen ...

Heinrich-Böll-Stiftung (Hg.)

Geschlechterdemokratie wagen

Das öffentliche Interesse an Geschlechterdemokratie wächst stetig – nicht zuletzt wegen der EU-Initiative für Gender Mainstreaming. Der Erfolg der Geschlechterdemokratie rührt unter anderem daher, dass sich Frauen und Männer für sie gemeinsam einsetzen. In diesem Buch berichten sie vom geschlechterdemokratischen Alltag in Organisationen und Partnerschaft, sie skizzieren Umsetzungsstrategien in Politik und Verwaltung in Deutschland sowie in anderen Ländern. Verbunden werden diese Erfahrungen aus der Praxis mit theoretischen Überlegungen zum Konzept der Geschlechterdemokratie.

Trotz unterschiedlicher Erfahrungen und Ansichten sind sich die Autorinnen und Autoren – Henning von Bargen, Mechthild Bereswill, Peter Döge, Barbara Holland-Cunz, Dörthe Jung, Ralf Lange, Claudia Neusüß, Werner Sauerborn, Gabriele Schambach u.a. – in einem Punkt einig: Es ist jetzt der Zeitpunkt, Geschlechterdemokratie zu wagen!

Damit ist das Buch auch erklärtermaßen eine »Femmage« an die im Jahr 2000 verstorbene Vordenkerin der Geschlechterdemokratie, Gunda Werner, die den Begriff mit Leben gefüllt hat.

ISBN 3-89741-113-X

Netzwerk Gender Training (Hg.)

Geschlechterverhältnisse bewegen
Erfahrungen mit Gender Training

Seitdem in Deutschland Gender Mainstreaming als geschlechterpolitische Strategie Konjunktur hat und sich Gender Training zu einem blühenden Markt entwickelt, ist eine (selbst-)kritische Diskussion überfällig. Die Gründung des Netzwerks Gender Training stand unter dem Zeichen, sich über Anforderungen an das heterogene Feld Gender Training auszutauschen und im Dialog weiterzuentwickeln. Der Band dokumentiert diese Diskussionen und trägt dazu bei, Qualität weiter auszuformulieren. GastautorInnen wurden um Beiträge gebeten: Autorinnen aus dem Süden, die als Gender Trainerinnen an der Debatte seit langem beteiligt sind, und Autoren aus dem Spektrum der Kritischen Männerforschung erweitern die Perspektive um die Frage, inwieweit und auf welche Weise die gesellschaftlich gemachten Geschlechterverhältnisse durch Trainings verändert werden können.
ISBN 3-89741-151-2

Regina Frey

Gender im Mainstreaming
Geschlechtertheorie und -praxis im internationalen Diskurs

Welches Denken liegt Gender Mainstreaming zugrunde? Was bedeutet der Begriff Gender überhaupt und welche Kontroversen ranken sich um ihn? Gender Mainstreaming und somit auch Gender Training laufen Gefahr, tradierte Geschlechterverhältnisse zu reproduzieren bzw. zu verstärken, wenn es versäumt wird, neuere Gender-Theorien in diesen Diskurs aufzunehmen und auch zu berücksichtigen, dass diese neue geschlechter-politische Strategie international eine über zehnjährige Geschichte hat: In der Entwicklungspolitik entstanden bereits in den 1980er Jahren verschiedene Gender-Ansätze und entsprechende Analysemethoden, in Gender-Trainings wird seit langem entwicklungspolitisches Personal für Geschlechterfragen sensibilisiert und geschult.
ISBN 3-89741-083-4